Die Weltreligionen

Pietro Archiati

DIE WELTRELIGIONEN

Wege des Menschen
zu sich selbst

Neue Auflage von:
Unterwegs zum Menschen.
Die Weltreligionen als Wege des Menschen zu sich selbst

Dritte Auflage 2009

Herausgeber: Archiati Verlag e. K., München
Redaktionelle Mitarbeit: H. Großmann, Delmenhorst;
E. u. G. Hüttig, Schwaneweede; B. Kolbe, Berlin;
A. Lorenz, Vreden; M. Meder, Dortmund
Korrektorat: Eva Koglin, Ganderkesee
Druck: Memminger MedienCentrum, Memmingen
Umschlagmotiv: Monika Grimm
(nach einer Holzskulptur von Rudolf Steiner)

ISBN: 978-3-86772-610-8

Archiati Verlag
Burghaldenweg 37 · D-75378 Bad Liebenzell
Telefon: (07052) 935284 · Telefax: (07052) 934809
anfrage@archiati-verlag.de · www.archiati-verlag.de

Inhaltsverzeichnis

Vorwort

Die Geschichte des Menschen lässt sich vielleicht am besten anhand der Entwicklung seiner Religionen erzählen. Das habe ich hier versucht, indem ich einigen von den unzähligen Wegen nachgegangen bin, die in einer langen Menschheitsentwicklung zurückgelegt worden sind.

Das Wort «Zeitenwende» kommt besonders häufig vor und bedarf vielleicht einer Erklärung. Die Deutung der Entwicklung in ihrer Ganzheit, soll sie nicht allzu abstrakt werden, sucht ihre Bewahrheitung in der Welt der Wahrnehmung. Dies erklärt den häufigen Bezug auf die allen wahrnehmbare Entwicklung im Kleinen, auf den Lebenslauf des Menschen. Das Leben teilt sich deutlich in zwei Hälften, von denen die zweite in vielerlei Hinsicht die Umkehr, die «Wende» der ersten darstellt: In der Kindheit und der Jugend nimmt der Mensch die ganze Welt für sich in Anspruch, alles soll seiner Ausbildung dienen. In der Mitte des Lebens kehrt sich das um, er kann alles in die Welt zurückfließen lassen, was er an Fähigkeiten erworben hat.

Auch die Entwicklung insgesamt geht so vor sich, dass eine anfängliche Führung von außen – durch die Gottheit oder die Natur, durch die Vererbung oder die Umwelt – sich zunehmend in eine Führung von innen *umkehren kann*, in der die freie Verantwortung des Einzelnen die führende Rolle übernimmt. Und der andere Kerngedanke dieses Buches ist: Dass jeder Mensch heute zu dieser inneren Umkehr fähig ist, dass er alle dazu nötigen Kräfte in sich trägt, verdankt er der Führung geistiger Erzieher der Menschheit.

11

Kein blindes oder zufälliges Wirken von Naturkräften kann von allein dem Menschen die Veranlagung zur geistigen Selbständigkeit geben. Das können nur liebende göttliche Wesen tun, die der sie vereinenden Führung *eines* Wesens folgen, das mit ihnen zusammen die zunehmende Selbständigkeit ihres Zöglings – des Menschen – und dadurch die «Zeitenwende» aller Entwicklung möglich macht.

Das fünfte Kapitel erzählt von diesem großen Erzieher aller Menschen und von seinem Wirken. Die Stellungnahme ihm gegenüber kann nur Sache jedes Individuums sein, zumal diesen Ausführungen die Überzeugung des Autors zugrunde liegt, dass eine solche individuelle Stellungnahme zum Wichtigsten in der Entwicklung des Einzelnen gehört. Sie kann ihm unmöglich leicht fallen, wenn er den Anspruch erhebt, nicht nur zu glauben, sondern auch denkend zu erkennen, nicht nur zu erkennen, sondern auch das ganze Leben danach zu gestalten. Die Tatsache, dass dieser Anspruch nach selbstbewusster Lebensgestaltung heute bei einer zunehmenden Anzahl von Menschen beobachtet werden kann, bezeugt die andere Tatsache, dass die Menschheit sich schon in der zweiten Hälfte ihrer Entwicklung befindet – nach der «Zeitenwende» –, wo nur die Führung von innen, das Leben in der Eigenverantwortung, zeit- und menschengemäß sein kann.

Der gemeinsame Geist der Menschheit wird im Abendland «Christus» genannt. Das traditionelle Christentum hat dieses Wort für sich in Anspruch genommen und aus dem so genannten «Christentum» eine Religion neben anderen gemacht. Dieses Missverständnis könnte man beseitigen, wenn man die Fixierung auf das Wort «Christus» – sei es durch Sympathie oder Antipathie – überwindet und die vom Wort bezeichnete objektive Wirklichkeit dadurch in den Vordergrund rückt, dass man dafür eine Vielfalt von Wortbezeichnungen verwendet.

Ein Wort über Rudolf Steiner schulde ich vielleicht noch dem Leser. Warum ist mir ausgerechnet seine Geisteswissenschaft so wichtig? Die Antwort auf diese Frage fällt mir nicht schwer: Sie ist mir deshalb wichtig, weil ich den Eindruck habe, dass sie mir in zwei Richtungen keine Chance lässt: weder in Richtung des sektiererischen Dogmatismus noch in Richtung des faulen Relativismus. Dies gilt auch für diejenigen Inhalte seiner geistigen Forschung, die sich auf die Entwicklung der Religionen beziehen. Diese Inhalte sind in der modernen Menschheit einzigartig, und ihre Überzeugungskraft sehe ich in dem gerade erwähnten Grund: Die verschiedenen Religionen werden weder scheintolerant zu einem gemeinsamen Weisheitsinhalt verabstrahiert, noch intolerant oder dogmatisch gegeneinander ausgespielt. Sie gelten alle als gleich notwendige Entwicklungsschritte – vergleichbar etwa mit Kindheit, Jugend, Erwachsenenalter und Reife – im jahrtausendelangen Werdegang jedes Menschen zum Menschen.

Dass der Verlag am Goetheanum mit dem Archiati Verlag zusammen diesen Text verfügbar macht, freut mich ganz besonders. Beiden Verlagen drücke ich meine Dankbarkeit aus.

Pietro Archiati

I.

RELIGION
ODER RELIGIONEN?

Das Wort «Religion» steht für vieles, was Menschen im Laufe der Geschichte durchgemacht haben, was ihnen wichtig war, wonach sie ihr Leben eingerichtet haben.

Ein Gedanke taucht auf unterschiedliche Weise in den Religionen und Mythologien der Völker immer wieder auf, der Gedanke: Am Anfang war der Mensch nicht nur ganz anders als später, sondern er war auch viel vollkommener. Im Laufe der Entwicklung ist er immer «schlechter» geworden. Ursprünglich war er noch eng mit der Gottheit verbunden, er lebte geborgen im «Paradies», er war im Himmel zu Hause. Er ruhte sozusagen im Schoß der Gottheit, ähnlich dem ungeborenen Kind im Schoß der Mutter.

Die Menschen, die in früheren Zeiten die Sehnsucht nach einer «Rückkehr» ins Geistige stark empfunden haben, konnten eines beim besten Willen noch nicht verstehen, nämlich dass dem paradiesischen Menschen gerade das Beste fehlte, das, wonach alle heutigen Menschen streben und was ihnen das Wichtigste ist: das Gefühl der Eigenständigkeit! Was für uns heute selbstverständlich ist – sich als ein selbständiges Individuum zu erleben –, das konnte der Mensch am Anfang seiner Entwicklung noch nicht. Er konnte sich noch nicht als jemanden erleben, der getrennt von den anderen mit dem eigenen Kopf denken, eigenständig Entscheidungen treffen und eigenverantwortlich handeln kann. Wollten wir das auf den Menschen von damals übertragen, so müssten wir davon ausgehen, dass

17

die Verhältnisse damals die gleichen gewesen wären wie heute, dass gar keine Entwicklung stattgefunden hätte.

«Im Paradies zu leben», bedeutete für den Menschen von damals, so zu sein wie ein Gedanke drinnen im Denken der Gottheit. Genauso wenig, wie ein von mir gedachter Gedanke ein eigenes, von mir unabhängiges Leben entwickelt und zu einem selbständigen Wesen wird, war der Mensch am Anfang «in Gott» und noch kein Einzelwesen.

Es ist einzusehen, dass der Mensch, um selbständig zu werden, sich allmählich von der Gottheit trennen musste. Diese Trennung vollzog sich über einen langen Zeitraum hinweg. Dadurch aber, dass er sich immer tiefer mit der Welt der Materie verband, durchtrennte sich die seelische Nabelschnur, die ihn mit seinen göttlichen Eltern noch verbunden hielt, zunehmend und schließlich endgültig.

All dies wird am Anfang der Bibel in wunderbaren Bildern dargestellt: In der Erzählung von der «Vertreibung aus dem Paradies», von der «Erbsünde» oder dem «Sündenfall», der nichts anderes ist als der Fall hinunter in die Welt der Materie, welche die Menschen voneinander «sondert» – das Wort Sünde ist verwandt mit sondern –, der Fall von den Höhen des Himmels bis in die Tiefen der Erde, die so zur neuen Heimat des Menschen wurde.

Die Geburt der Religion

Auf dem Weg in seine neue Heimat war der Mensch irgendwann so weit, dass er die verlassene göttliche Heimat *sehr stark* vermisste, gerade weil er den Segen der Selbständigkeit zunächst nur *sehr schwach* erfahren konnte. Es wurde der Zeitpunkt erreicht, da der Drang nach innerer Selbständigkeit im Gemüt des Menschen weit weniger wog als die schmerzhafte Empfindung der Entfremdung vom Göttlichen. So entstand die Religion als Ausdruck der Sehnsucht nach Wiederverbindung mit dem Göttlichen: Das war die Geburt der «Religion». Diese konnte erst zu der Zeit entstehen, da der Mensch das Göttliche, das Geistige, nicht mehr unmittelbar erleben konnte und sich danach zurücksehnte.

Platon erzählt von einer «Insel des Poseidon», die in alten Zeiten im Atlantischen Ozean gelegen haben soll. Von dort sollen alle Kulturen der Menschheit, und folglich auch ihre Religionen, ausgegangen sein. Rudolf Steiner bestätigt Platons Aussage und nennt die damalige Zeit die «atlantische» und unsere Zeitepoche, die ihr folgte, die «nachatlantische».

Die griechische Mythologie ist voll von «Heroen», die halb Gott und halb Mensch gewesen sein sollen. Was heißt: «halb Gott und halb Mensch» sein? Doch offensichtlich, dass sich ein solcher Mensch noch «halb» in der göttlich-geistigen Welt zu Hause fühlte und noch kaum auf der Erde lebte. Mit dem Fortschreiten der Zeit wurde die göttliche Seite immer schwächer empfunden und die menschliche, allzumenschliche drängte sich immer mehr in den Vordergrund.

Auf «Atlantis» konnte es so gesehen die eigentliche Religion noch nicht geben, denn als «Halbgötter» waren die

Menschen dem Göttlichen noch zu nah, als dass die Suche nach der Wiederverbindung mit Gott für sie einen Sinn hätte haben können. Religion ist also ein besonderes «nachatlantisches Phänomen». Sie beginnt mit der Zeit, in der die «Sintflut» stattfand, geologisch gesprochen nach der letzten Eiszeit, vor etwa zehntausend Jahren.

Wie kam es zu der Sintflut, von der viele Mythen und Legenden berichten und die heute noch als Bild für verheerende Überschwemmungen gilt? Zur Zeit des Lebens auf Atlantis enthielt die Luft viel mehr Wasser als heute. Auch die nordische Mythologie weiß von einem Niflheim, von einem Heim voller Nebel. Und die Nibelungen knüpfen an dieselbe Überlieferung an – Goethe schreibt noch im *Faust*: «… im Nebelalter jung geworden.» Was «Sintflut» genannt wird, kam dadurch zustande, dass die Atmosphäre der Erde immer mehr von ihrem wässrigen Bestandteil befreit wurde. Das bewirkte gewaltige, lang andauernde Sturzregen. Unmengen von Wasser überschwemmten ganze Regionen, beinahe alle Landschaften, die damals bewohnt waren.

Die Bibel verbindet die Sintflut mit einem anderen Phänomen, das es bis dahin nicht gab, dem Regenbogen, einem Phänomen, das erst die Trennung von Luft und Wasser ermöglicht hatte. Jahve konnte jetzt Noah versprechen, dass es nie mehr zu einer solch katastrophalen Sintflut kommen würde – einfach deshalb, weil der Wasseranteil der Luft dafür zu gering geworden war. Das erklärt auch, warum Jahve dem guten Noah außerdem feierlich ankündigen konnte, dass er im Regenbogen ein Zeichen des Friedens sehen dürfe – des Friedens, der zwischen Gott und Mensch fortan geschlossen würde. Und bis heute stellt der Regenbogen ein Sinnbild der Harmonie zwischen Himmel und Erde, zwischen Mensch und Gott dar.

Und noch ein anderes Phänomen ermöglichte die neue, vom Wasser bereinigte Atmosphäre. Es ist die scharf umrissene Sinneswahrnehmung, die heute für die Menschen selbstverständlich ist. Vor der Sintflut war sie noch gar nicht möglich, alle Dinge wurden damals wie von dickem Nebel umwoben gesehen. Der Mensch konnte die äußerlichen Gegenstände noch nicht in rein gezeichneten Konturen voneinander unterscheiden.

Mit dem Auftreten der scharf umrissenen Wahrnehmung konnten die Menschen auch sich selbst in ihrem physischen Körper erleben, konnten sich zum ersten Mal voneinander getrennt fühlen. In früheren Zeiten sah man alle Dinge, so auch die Menschen, wie ineinander verschwommen. Was wir «physischen Körper» nennen, wurde kaum wahrgenommen – dagegen sehr deutlich die so genannte «Aura», die übersinnlichen Lebens- und Seelenkräfte von Pflanzen, Tieren und Menschen. Und was diese «Aura» angeht – Rudolf Steiner spricht von Ätherleib und Astralleib –, sind die Menschen auch heute noch ganz und gar nicht fein säuberlich voneinander getrennt – sie verschwimmen nach wie vor ineinander. Vielleicht ist es gar nicht so schlecht, dass wir davon nichts merken!

Dank der Tatsache, dass der Mensch seine Sinne immer besser handhaben konnte, fing er an, sich immer mehr als Bewohner der Erde zu erleben. Das erklärt die erwähnte Tatsache, dass gerade in dieser «nachatlantischen» oder «nachsintflutlichen» Zeit der Mensch dem «verlorenen Paradies» gegenüber ein immer tieferes Heimweh empfand, einen tiefen Drang hin zu den Weiten des Himmels. Und so entstand die Religion mit ihren Erzählungen und Kultushandlungen als Trost für den gottverlassenen Menschen. Es begann die Suche nach einem Weg, auf dem der Mensch zurückfinden kann zu seiner göttlichen Heimat.

Auf der Suche nach diesem Weg machte die Menschheit verschiedene Entwicklungsstufen der Religionen durch, die in den verschiedenen Völkerschaften der nachatlantischen Zeit ihren Niederschlag fanden. Nach der Sintflut gab es vor der gegenwärtigen Kultur

- die Indische,
- die Persische,
- die Ägyptisch-Chaldäische und
- die Griechisch-Römische.

Durch diese voneinander grundverschiedenen Kulturen wurde jedem Volk die Möglichkeit gegeben, sich auf seine Art und Weise auf die Suche nach dem verlorenen Paradies zu begeben.

Die Vertreibung aus dem Paradies und die Götterdämmerung

Nur allmählich verlor der Mensch das instinktive Hellsehen, das Sehen der «Aura» von Menschen und Dingen. Sehr schön stellt das Gleichnis vom verlorenen Sohn im christlichen Evangelium diese Entwicklung dar. Der jüngere der beiden Söhne steht für eine spätere, jüngere Menschheit, die nach der Sintflut lebt. Zu der Zeit verlässt der Mensch die väterliche Heimat, um 'Selbständigkeit zu erlangen. Einmal frei und selbständig geworden – dank einer durchgreifenden inneren Wandlung – entscheidet der jüngere Sohn an dem Punkt, da er die Schweine, die er hüten muss, um ihr Futter beneidet, zum Haus seines Vaters zurückzukehren. Jetzt kann er eine neue Art der Verbundenheit mit dem Vater erleben: als Mensch, der weiß, was er will und der aus Freiheit handelt. Darum sollte er nicht nur der «verlorene» Sohn heißen, sondern mehr noch: der «zurückgekehrte» oder der «wieder gefundene».

So wie die Entwicklung der Menschheit hier im Gleichnis dargestellt wird, so schildert Rudolf Steiner sie in natur- und geisteswissenschaftlicher Form in seiner *Geheimwissenschaft im Umriss*. Dort wird ausgeführt, wie der Mensch allmählich die Fähigkeit des Hellsehens verlor. Nicht nur die unmittelbare Verbindung mit geistigen Wesen verschwand, sondern auch die Vertrautheit mit allen Naturgeistern, die wir heute nur noch in den Märchen finden – oder in Goethes *Faust*! Es sind die Gnome, die emsig an den Steinen arbeiten, die Undinen, die die Flüsse und Seen beleben, die Sylphen, die in der Luft «ihre Schnippchen» schlagen, und die Salamander, die in der Wärme und im Feuer erglühen.

Der Baldur-Mythos der nordischen Mythologie ist eine wunderbar dramatische Schilderung der Art und Weise, wie das Erleben der Geister der Natur sein Ende fand. Baldur ist die Natur, insoweit sie noch als von geistigen Wesen durchdrungen und durchleuchtet erlebt wurde. Die alten Germanen konnten noch in enger Vertrautheit mit Zwergen und Kobolden leben, mit den erwähnten Undinen, Sylphen und Salamandern.

Der Mythos erzählt, wie Baldur eines Tages getötet wurde. Sein Tod gehört zum «Sündenfall», der im Norden die «Götterdämmerung» genannt wird. Der Tod Baldurs bedeutet, dass es für den Menschen auf der Erde notwendig wurde, sich immer deutlicher von der Welt des Göttlichen zu lösen, um sich als freien Geist zu erleben. Die Menschen mussten die unmittelbare Wahrnehmung von Baldur verlieren. Und wohin ist Baldur durch seinen Tod gegangen? Nach unten, in die Tiefen, sagt der Mythos, dort, wo die finstere Hel zu Hause ist. Die finstere Hel ist die Natur, insoweit sie als gottverlassen und geistleer erlebt wird – auch wenn der moderne Mensch meint, durch das Tageslicht sei sie genug erhellt. Er kann sich nur nicht vorstellen, um wie viel heller sie in den Zeiten des alten Hell-Sehens war!

Für die Germanen erlosch mit dem Tod Baldurs auch das wahre Licht und das wahre Leben der Natur. Die Erzählungen, die von Generation zu Generation überliefert wurden, sprachen noch von der alten Ausstrahlungskraft und von dem Zauber der Natur. Für die nördlichen Völker war die Welt, wie wir sie heute sehen, vollkommene Finsternis, vergleichbar mit einer Hölle – das Wort Hel ist ja verwandt mit Hölle. Die Natur ohne Baldur kam ihnen finster und unwirtlich vor.

Der eine Adam und die vielen Menschen

Am Anfang ihrer Entwicklung war die Menschheit eine Einheit, alle Menschen waren wie ein einziges Wesen. Das hebräische Wort «Adam» (אדם) deutet nicht auf einen Einzelmenschen hin, sondern auf die gesamte Menschheit als Einheit. Am Anfang war eine menschheitliche «Gruppenseele» vorhanden, ohne jede Differenzierung. Die Erfahrung, ein gesondertes Ich zu sein, war damals noch nicht möglich. Um dies erleben zu können, musste sich der Mensch in der darauf folgenden, langen Entwicklung mit der Welt der Materie verbinden. Erst diese Verbindung trennt die Menschen voneinander. Es kam allmählich die Zeit, in der jeder ein Haus nur für sich allein haben konnte: einen Körper, der ihm ermöglicht, eine scharfe Grenze zwischen sich und den anderen zu ziehen und zu erleben – bis hin zu der Erfahrung, ein in sich abgeschlossenes, von allen anderen getrenntes Wesen zu sein. Auch die physische Konstitution differenzierte sich immer mehr, je nach Wohnort auf der Erde, je nach den klimatisch-geographischen Bedingungen. So entstanden «Rassen» – Körperarten mit unterschiedlichen Merkmalen, hervorgegangen aus der Verbindung der Seelen mit den jeweils unterschiedlichen Naturkräften.

Der Individualisierungsprozess erreicht in jenem Zustand sein Ende, in dem jeder Mensch sich als von den anderen unabhängig erlebt, wie eine in sich selbst abgeschlossene Einheit, mit der Fähigkeit, eigenständig zu denken und nach eigenen Überzeugungen zu handeln.

Wenn wir fragen, was der Sinn dieser Individualisierung ist, dieser inneren Selbständigkeit, wäre eine nur theoretische Antwort unbefriedigend. Dass die selbständige Individualität der höchste Wert ist, kann nicht wiederum anhand von etwas anderem «bewiesen» werden. Die Erfahrung, ein freies Ich zu sein, selbständig im Denken und im Wollen, ist unmittelbar überzeugend, weil beglückend im höchsten Maß. Sie bedarf keiner Rechtfertigung von außen.

Ein Mensch, der sich so als Individualität versteht, weiß durch ein nicht infrage zu stellendes Erlebnis, dass die geistige Autonomie seine höchste Würde als Mensch darstellt. Er erlebt diese Würde mit selbstverständlicher, überzeugender Unmittelbarkeit – als etwas, was ursprünglich schön und gut ist. Er ist uneingeschränkt dankbar für diesen höchsten Wert seines Lebens. Und für den Menschen, der dies erlebt, würde ein Beweis nichts hinzufügen, so wie der Beweis unsinnig wäre, dass er Hunger hat, wenn er hungrig ist.

Die Religion:
eine Rückkehr durch Weiterentwicklung

Die Entwicklung des Menschen beziehungsweise der ganzen Menschheit kann als in zwei großen Phasen verlaufend gesehen werden. In der ersten haben sich die Menschen im Hinblick auf das Erlangen der individuellen Freiheit voneinander und von ihrer gemeinsamen göttlichen

Heimat getrennt. Die zweite soll zu einer Wiederverbindung mit allen geistigen Wesen, mit allen Menschen und mit allen Geschöpfen – eben zu einer «Re-ligion» – führen.

Auch das Wort «Religion» bekommt in diesem Zusammenhang seinen tieferen Sinn. Lateinisch *religio* kann auf «religare» (wieder binden) zurückgeführt werden – aber treffender und tiefer noch auf «religere»: wieder auflesen, neu sammeln. Griechisch λεγω (lego) heißt sprechen (Logos ist das Wort), lesen und auflesen (aufsammeln). Sowohl beim Sprechen wie auch beim Lesen werden Einzelbuchstaben zu «Worten», Einzelworte zu Sätzen als Sinneinheiten zusammengelesen oder -gesammelt. Religion ist so gesehen die Wiederverbindung mit dem göttlichen Geist durch Wiederauflesen der auseinander gelegten Buchstaben – der sichtbaren Dinge , in denen er sich zerstückelt oder verborgen hat. Durch Religion lernt der Mensch wiederum lesen im Buch der Natur, der sichtbaren Welt. Die Einzelwahrnehmungen werden vom denkenden Geist (vom Logos) «zusammengelesen» – in ihren Begriffen und Zusammenhängen erfasst. Dieses wiederholte Lesen (re-ligio) setzt voraus, dass eine Atomisierung in Einzelmenschen und -dinge im Laufe der Entwicklung erfolgt ist. Dies macht das erneute Streben nach «Sammlung» zur freien Tat des Menschendenken.

Nicht zum ursprünglichen, ichlosen Zustand soll der Mensch zurückkehren. Die zukünftige Gemeinschaft zwischen allen Menschen und allen Wesen, jene Gemeinschaft, welche die Religion anstrebt, welche alle Religionen herbeiführen wollen, wird sich grundlegend von der Gemeinschaft am Anfang der Entwicklung unterscheiden. Sie wird auf einer höheren Ebene Wirklichkeit.

Die Einheit des Paradieses war einförmig, in ihr gab es noch keine Gliederung, keine individuelle Vielfalt. Die Gemeinschaft, die am Ende der Entwicklung Wirklichkeit werden soll, wird ganz anders aussehen: Die Wiedereingliederung aller Menschen in einen einzigen geistigen Organismus wird zugleich die letzte, vollkommene Ausprägung des Einmaligen jedes Einzelnen mit sich bringen. Die Wiedererlangung der Einheit mit allen Wesen und Geschöpfen der Erde geschieht nur durch den einmaligen Beitrag jedes Einzelnen, durch die Vollendung seiner unverwechselbaren Einzigartigkeit. Um aus der Menschheit einen einzigen Organismus zu machen, muss jeder Mensch in der Liebe immer einmaliger werden. Denn zu lieben heißt, seine individuellsten Kräfte auf den Plan zu rufen, auf immer phantasievollere Weise zu handeln.

Eine lange Entwicklung hat an die Stelle der ersten Einseitigkeit – der anfänglichen Einheit ohne individuelle Vielfalt – eine zweite, ihr entgegengesetzte Einseitigkeit gesetzt: die Zersplitterung in Einzelmenschen voller Egoismen, die von Gemeinschaft kaum mehr eine Ahnung haben. An diesem Punkt stehen wir heute, hier beginnt unsere Religion.

Aus diesen beiden Einseitigkeiten ergibt sich für jeden Menschen eine wunderbare Entwicklungsaufgabe: Ein Drittes anzustreben, in dem die gemeinschaftliche Einigung aller Menschen und die Vielfalt der einzelnen Individualitäten sich gegenseitig fördern, weil beide nur zusammen zu ihrer Vollkommenheit gelangen können. Eine Gemeinschaft wird nur vollkommen durch den Reichtum der voll ausgeprägten Individuen, und das Individuum wird in seiner Einmaligkeit nur vollkommen durch die Liebe zu allen anderen.

Die methodische Perspektive der Entwicklung

Man kann sich dem Geheimnis des Menschen auf zwei verschiedene Arten nähern. Die eine ist eher «statisch», sie geht von der Annahme aus, dass der Mensch in seinem Geist auch in Urzeiten mehr oder weniger so beschaffen war wie heute. Die andere ist «dynamisch», sie sieht den Menschen in ständiger Entwicklung begriffen. Nicht nur sein Äußeres, sondern vor allem sein Inneres erfährt unaufhörlich durchgreifende Veränderungen.

Wenn wir aus der zweiten Perspektive die Religionen betrachten, können wir eine vielleicht überraschende, aber nicht weniger befreiende Entdeckung machen: Wenn der Mensch in unaufhörlicher Entwicklung begriffen ist, dann ist jede Zeit anders, dann hat jedes Volk einen anderen Beitrag zur Gesamtentwicklung des Menschen zu leisten. Jede neue Religion ist «gut» in dem, was sie dem Menschen an Anregungen gibt. Selbst wenn eine Religion der Entwicklung des Menschen widerstrebende Kräfte anbietet, kann sie zu seiner positiven Entwicklung beitragen, da ohne Auseinandersetzung mit Gegenkräften kein Vorankommen möglich ist. Jede Kraft – so zum Beispiel die Muskelkraft –

kann sich nur in der Auseinandersetzung mit der Gegenkraft verstärken.

Die Zeitenwende teilt die Entwicklung in die zwei genannten Hälften. Die Religionen vor der Wende kennzeichnen sich dadurch, dass sie eher das Werk der Gottheit als das des Menschen darstellen. Die alten Religionen konnten dem Menschen nur gut tun, denn sie waren von göttlichen Wesen, nicht von Menschen, gewollt und geführt. Erst wenn der Mensch anfängt, von seiner Freiheit Gebrauch zu machen, kann er auch etwas tun, was seiner Entwicklung abträglich ist. Die Begründer der Religionen, die der Zeit der individuellen Freiheit vorangingen, empfingen ihre Eingebungen unmittelbar von der Gottheit, Eingebungen, die für den geistigen Weg der verschiedenen Völker die jeweils richtigen waren.

Warum gab es eine Vielzahl von Religionen, wenn sie alle der einen Gottheit entsprungen sein sollen? Das ist, weil das Menschengeschlecht immer weiter zergliedert werden musste. Mit der Zeitenwende war die Zergliederung am Ende der Teilbarkeit angelangt: Der Einzelne ist als Ich ein nicht mehr teilbares menschliches «Atom», wie es das lateinische Wort «individuum» (unteilbar) ausdrückt. Diese Individualisierung geschieht zuerst durch eine Aufteilung in größere Gruppen. In der Folge werden die Gruppen immer kleiner, bis hin zum einzelnen Menschen.

Die allererste «Verzweigung» geschah in der Urzeit mit der Trennung der Geschlechter. Zwei grundlegend verschiedene Menschenarten entstanden damals. Dieser ersten Unterteilung folgten weitere Unterscheidungen: Es entstanden verschiedene Körperarten – die erwähnten Rassen –, unterschiedliche Völker mit ihren Kulturen, Sprachen und Religionen. In den Rassen haben wir vorwiegend körperliche Differenzierungen, auf deren Grundlage sich später, vor allem in der nachatlantischen Zeit, die verschiedensten seelischen oder kulturellen Abstufungen herausgebildet haben.

Bei den indischen, persischen, ägyptisch-chaldäischen und griechisch-römischen Religionen handelt es sich um Formen der menschlichen *Kultur* im Unterschied zu den früher entstandenen Rassen, welche mehr von der *Natur* hervorgebracht wurden. Die Entwicklung in der atlantischen Zeit vollzog sich auf der Grundlage von körperlichen Eigenschaften. In der nachatlantischen Zeit gründet sie sich hauptsächlich auf seelisch-kulturelle Merkmale der Völker, wie sie sich in ihren Religionen und Mythologien widerspiegeln. Die Religionen vor der Wende entstanden also mit dem Aufkommen der verschiedenen Völker. Sie sind daher im Grunde genommen alle *Volksreligionen.*

Die hier eingenommene methodische Perspektive der Entwicklung gibt einer anderen Frage ein großes Gewicht, einer Frage, die bisher in der westlichen Kultur kaum mit wissenschaftlichem Ernst angegangen worden ist. Es ist die Frage nach der Art der Teilnahme des einzelnen Menschen an der ganzen Entwicklung der Menschheit. Im Osten herrscht schon immer die Annahme der wiederholten Rückkehr zur Erde vor, im Westen die umgekehrte: Jeder Mensch soll nur einmal ein Leben auf der Erde verbringen.

Ich möchte hier nur Folgendes andeuten: Wenn sich das heutige Individuum mit einer voll ausgeprägten Einzigartigkeit erlebt, so muss es sich fragen: Wie kann ich so einmalig sein, ohne es durch eine sehr lange Entwicklung *geworden* zu sein? Kann dieses Werden in diesem Leben allein erfolgt sein? Wenn die Entwicklung sich, wie gerade erwähnt, in zwei Hälften teilt, muss nicht jeder einzelne Mensch beide Hälften mitmachen – und zwar als auf der Erde lebend, da es sich um eine Entwicklung handelt, die nur auf der Erde durchgemacht werden kann? Kurz und gut: Der Autor dieser Zeilen geht davon aus, dass jeder Mensch durch wiederholte Erdenleben die ganze Entwicklung, auch die der Religionen miterlebt. Jeder Mensch erhält die Möglichkeit, sich *alle* Religionsarten, eine nach der anderen, zu Eigen zu machen. So gesehen stellen die Religionen die einzelnen Stufen der inneren Entwicklung dar, die von jedem Menschen durchlaufen werden.

Die Religionen entstehen *nacheinander* in den verschiedenen Völkern, jede als besonderer Ausdruck eines einzelnen Volkes – und verbleiben dann *nebeneinander*. Sie grenzen sich voneinander ab oder schließen einander aus. Dies gibt dem einzelnen Menschen die Aufgabe, in seinem Inneren die große Wende seiner eigenen Entwicklung zu vollziehen, die Harmonisierung aller Religionen zu vollbringen. Was nacheinander entstanden ist, was eine Zeit lang nebeneinander bestanden hat, kann vom Menschen ineinander gewoben werden. Die Wende seiner Entwicklung vollzieht jeder Mensch, wenn er in seinem Geist keine Religion neben oder gegen andere stellt, sondern kraft seiner Freiheit und seiner Liebe alle Religionen zur Einheit bringt.

Vor der Wende war das Entstehen und das Fortbestehen der einzelnen Religionen mit den entsprechenden Mythologien das Werk der «Gnade Gottes». Das ist vergleichbar mit der Führung, die Eltern dem Kind zukommen lassen. Jede Gnade aber, jede Führung von außen ist dazu da, den Menschen zu jener Freiheit zu führen, durch die er alle Eigenschaften des Menschlichen, die in den verschiedenen Religionen zum Tragen kamen, verinnerlicht und so zur Einheit führt.

Die Religionen der Völker und die Religion des Menschen

Je mehr der Einzelne nach der Zeitenwende durch eine innere Wende die Harmonisierung aller Kräfte des Menschlichen anstrebt, desto weniger wird er von Religionen in der Mehrzahl sprechen. Er wird den Drang verspüren, in der «Religion des Menschen» schlechthin zu leben. Als selbständiges Wesen kann der Mensch heute alle Religionen in sich selbst vereinigen.

Die vollkommene Religion, das Ergebnis der gesamten Entwicklung, zu dem alle Religionen streben, ist *der vollkommene Mensch*. In der Menschenwelt gibt es nichts, was religiöser, besser oder schöner wäre als der Mensch selbst. In seiner Freiheit hat jeder die Aufgabe, alle Religionen von ihrer Mehrzahl zu erlösen und in die einzige Religion *der Menschwerdung jedes Menschen* zu verwandeln. Diese innere Wandlung ist nicht nur die Aufgabe der Religion, sie ist ihr Wesen. Frei sein heißt, in sich selbst das Zusammenfließen aller Religionen zu vollbringen. Jede Einzelreligion wartet darauf, von allen anderen ergänzt zu werden, sie will hineinmünden in jene universelle, alle Menschen umfassende Religion, die in der Vollendung des Menschenwesens selbst liegt.

Die Zukunft der Religion – dieser Gedanke wird im letzten Kapitel wieder aufgegriffen – ist eins mit der zukünftigen Entwicklung des Menschen, insoweit dieser alle Möglichkeiten der Selbstentfaltung ergreift, welche die Gottheit ihm zur Verfügung stellt. In der Zukunft wird der Mensch gerade in Bezug auf die menschliche Natur eine immer religiösere Haltung einnehmen können. Jeder trägt in sich eine tiefe Sehnsucht, die Geheimnisse des Menschen innig zu verehren, jene «Ehrfurcht vor sich selbst» zu erleben, jene vierte Ehrfurcht, von der Goethe in seinem *Wilhelm Meister* als von der höchsten spricht. Nach der Zeitenwende sucht der Mensch das Göttliche nicht mehr außerhalb seiner selbst, er will das Göttliche in sich selbst erleben und verwirklichen.

Die Einweihung als Ursprung der Religionen

Die großen Eingeweihten waren die Wegbereiter aller menschlichen Entwicklung. Durch Einweihung wird der Mensch fähig, in der geistigen Welt bewusst zu leben.

34

Eingeweiht zu sein heißt auch, die Entwicklungsschritte vorwegzunehmen, die jeder Mensch auf dem Weg seiner Menschwerdung zurückzulegen hat. Zu allen Zeiten haben die Eingeweihten Schüler um sich geschart, sie unterwiesen und dazu befähigt, ihrerseits eine unmittelbare Beziehung zum Göttlichen zu pflegen und ihre Erfahrungen an das Volk weiterzugeben.

Diese Führer der Menschheit konnten ihren Völkern religiöse Impulse geben, die für die Menschen heilsam waren, weil sie ihre Inspirationen unmittelbar aus der geistigen Welt empfingen. Von der jeweiligen Gottheit, welche die Wege eines Volkes zu leiten hatte, konnten die Eingeweihten erfahren, welche Aufgabe ihr Volk für die Entwicklung der ganzen Menschheit zu erfüllen hatte. Die empfangenen Offenbarungen konnten sie ihren Anhängern in Form von Religion weitergeben – so wurde die Religion der Ausdruck des göttlichen Willens. So ist der Ursprung der Religionen in den Inspirationen zu suchen, die göttliche Wesen den menschlichen Eingeweihten gegeben haben. Diese überführten die göttliche Offenbarung in Kultushandlungen, in soziale Gesetze, Gebräuche und Jahresfeste. Auch die mythischen, bildhaften Erzählungen über die Schöpfung von Erde und Mensch und über deren Entwicklung stammen ursprünglich von Eingeweihten.

Die Rolle der alten Mysterien, in denen die Einzuweihenden ausgebildet wurden, war eine zweifache. Auf der einen Seite konnten wenige Auserwählte auf die Einweihung vorbereitet werden – diejenigen, welche ohne in ihrer Persönlichkeit Schaden zu nehmen in die Wirklichkeit des

Geistes eingeführt werden konnten. Auf der anderen Seite war es die Aufgabe der Eingeweihten, das ganze Volk auf geistig-religiöser sowie auf politischer und wirtschaftlicher Ebene zu führen. Es waren die Eingeweihten, die Anweisungen für den Alltag gaben: in Bezug auf die Gebote und Gebräuche, auf die Gesetze, die das soziale Zusammenleben betrafen. Sie bestimmten auch die Festtage, die eng mit den Jahreszeiten zusammenhingen.

Jede Kultushandlung war eine sinnbildliche, allen Menschen zugängliche Darstellung der Erfahrungen der Eingeweihten in der geistigen Welt. Auch jede mythische Erzählung bezog sich auf Erlebnisse, die der Einzuweihende hatte, um immer tiefer in die geistige Welt einzudringen. Durch die Kultushandlung und die mythische Erzählung konnte auch der schlichteste Mensch seine religiöse Erziehung erhalten. Die Mythologien und die Religionen der Völker sind demzufolge die großen Pädagogen des Menschengeschlechts gewesen.

Im weitesten Sinne ist Religion die ganze Entwicklung selbst, in der die Einweihung aller Menschen Schritt für Schritt vollzogen wird. Der «Sündenfall» ist das Gehen durch das Nadelöhr des Todes in der Welt der Materie, und die Auferstehung des Menschengeistes ist die «Erlösung» des Menschen, seine Rückkehr in die geistige Welt. Beides wird jedem Menschen ermöglicht. Das Wesen jeder Religion ist die Sehnsucht, den Tod zu überwinden, um in der geistigen Welt zu leben. Jeder Mensch möchte den Tod widerlegen, er möchte nicht in der Vergänglichkeit der physischen Welt aufgehen. Er möchte sich als einen ewigen

Geist erleben, dem die Vergänglichkeit der Materie nichts anhaben kann. Er möchte die Gewissheit erlangen, dass er auch nach dem Tod, ohne physischen Körper, in einer geistigen Welt fortbestehen kann.

Die Religionen im Norden und im Süden

Die in den verschiedenen Völkern entstandenen Religionen lassen, was die Beziehung zwischen Mensch und Geist angeht, zwei Grundströmungen erkennen, eine nördliche und eine südliche.

In der nördlichen Strömung – die sich besonders im alten persischen Volk, aber auch in den europäischen und germanischen Völkerschaften ausprägte wurde die Wiederverbindung mit der geistigen Welt durch eine Art von Einweihung angestrebt, die den Menschen aus sich herausführte und in einer Art *ekstatischer* Erfahrung den Weiten des «Makrokosmos» öffnete. Die südliche Strömung hatte hingegen einen *mystischen* Charakter, sie führte in die Tiefen des Mescheninneren hinein, in den «Mikrokosmos» Mensch. Sie trat im alten Indien zutage, später in Ägypten und in Griechenland. Auf diesem Einweihungsweg kam es zu ganz anderen Erfahrungen als beim Hinausgeführtwerden in die Weiten des geistigen Weltalls.

In den Religionen und den Mythologien der verschiedenen Völker kommen diese zwei Urformen der Einweihung zum Ausdruck: die Erfahrung des Übersinnlichen durch Ausbreitung in die Weiten des Kosmos einerseits oder durch Versenkung in die Tiefen der menschlichen Seele andererseits.

Auf dem südlichen, dem mystischen Weg wurde das Gesamtergebnis des Abstiegs des Menschen in das eigene Innere zum Bewusstsein gebracht. Dieses Ergebnis ist der *Egoismus*. Da macht sich der Mensch bewusst, dass die zukünftige Aufgabe jedes religiösen Weges in der Überwindung des Egoismus besteht.

Die nördliche Art, sich mit dem Göttlichen zu verbinden, ließ den Menschen eine tiefe *Todesangst* erleben. In seinem Bestreben, sich mit den unendlichen Weiten der Welt zu verbinden, erlebte er die Angst, sich in nichts aufzulösen – bedingt aus der in jenen Zeiten noch schwachen Erfahrung, ein Ich zu sein. Das Wort Ekstase hatte nicht nur die ihm heute beigelegte Bedeutung von «Beseligung» – wörtlich übersetzt ist es ein «Außer-sich-Sein», ein Verlassen des Körpers, das damals auch den Verlust des Ichgefühls mit sich brachte.

Die Empfindung, welche die Einweihung im Süden begleitete, war die der *Scham*. In dem Maße, in dem der Mensch in die eigene Innerlichkeit hinunterstieg, spürte er eine tiefe Scham vor dem Ausmaß des Egoismus, den er in sich wahrnahm. Durch die südliche Form der Religion konnte der Mensch erfahren, was es heißt, alle Kräfte der Schöpfung für sich selbst in Anspruch genommen und damit auch alle anderen Menschen in den eigenen Dienst gestellt zu haben. Der Mensch konnte sich durch diese Art der Einweihung bewusst machen, was er alles den anderen entzogen hatte, um es für sich in Anspruch zu nehmen.

Die Scham überwindet der Mensch, wenn er den Egoismus nicht mehr im negativen Sinn als eine Schuld versteht, sondern ihn als eine «positive» Aufgabe erkennt, dankbar allen anderen Menschen alles zurückzugeben, was er im Laufe der ganzen Entwicklung empfangen hat. Die Selbstsucht wird auf diese Weise zur Selbstsuche. So verstanden steht die Selbstbezogenheit nicht mehr im Widerspruch zur Hingabe an andere. Die Selbstliebe darf nicht ausgelöscht werden – sie will erweitert werden, um alle Menschen, einen nach dem anderen, zu umfassen. Das ist die Bedeutung des höchsten Leitsatzes aller Religion: «Liebe deinen Nächsten wie dich selbst.» Nur derjenige, der «reichlich egoistisch» geworden ist, der die Enge und die Einsamkeit in der Selbstliebe erlebt hat, wird die Kraft finden, alle Gaben, die er von anderen bekommen und zunächst nur für sich in Anspruch genommen hat, zurückfließen zu lassen in die ganze Menschheit.

Und wie überwindet der Mensch die Todesangst? Hier geht es darum, die anfänglich zu geringe Kraft des wahren Ich zu stärken. Die Scham wird überwunden durch Abbauen des Egoismus, des niederen Ich, die Todesangst durch Aufbauen des höheren Ich, der Kräfte der Liebe. Um dieses zu tun, muss der Mensch üben, sich in alle zwölf Wesensprägungen des Menschlichen hineinzuversetzen, mit ihnen allen eins zu werden. Diese Verstärkung des geistigen Ich wird kosmisch in der Art dargestellt, wie die Sonne alle zwölf Tierkreiszeichen besucht. In der mythischen Nacherzählung findet sie in der Einweihung des Herakles ihren Niederschlag: Herakles ist der Sonnenheld, der alle zwölf

Arbeiten der Liebe, alle zwölf Abarten der Einswerdung mit den anderen vollzieht.

Jede Religion für jeden Menschen

Wie schon angedeutet, liegt diesen Zeilen die Überzeugung des Autors zugrunde, dass jeder Mensch am Ganzen der Entwicklung beteiligt ist – durch wiederholtes Leben auf der Erde. Aus dieser Perspektive heraus ist es möglich, zwischen der geistigen Individualität zu unterscheiden, die jeder Mensch *ist*, und den verschiedenen Religionen, die er im Laufe seiner langen Entwicklung eine nach der anderen *ausübt*.

Das bedeutet auch, dass keine Religion im absoluten Sinne als richtig oder falsch, als gut oder schlecht angesehen werden kann. In der Perspektive der gesamten Entwicklung jedes Menschen gelten alle Religionen in gleicher Weise als notwendige Stufen auf dem Weg seiner Menschwerdung. Alle Religionen sind gut, insoweit sie dem Menschen helfen, jede Einseitigkeit zu überwinden und das Allgemeinmenschliche zu erringen. Dadurch wird dem religiösen Dogmatismus jede Grundlage entzogen.

Der Geist des Menschen ist in fortwährender Entwicklung begriffen. Er schreitet von Leben zu Leben, von einer Religion zur anderen voran. Er ist bestrebt, auch die zweite Seite von jedem Dogmatismus – die wiederkehrende Versuchung, das Individuum mit einer besonderen Religion gleichzusetzen – zu überwinden. Wenn jeder Mensch zu wiederholten Malen auf die Erde zurückkehrt, dann sind die verschiedenen Religionen die einzelnen Schritte seiner umfassenden «Religion» – seiner eigenen Menschwerdung. Mensch *ist* man nicht, Mensch *wird* man! Die religiösen Erfahrungen, welche die Seele des Menschen über die Jahrtausende gesammelt hat, werden vereinigt in seiner Bewusstwerdung als Geist. So wird auf der einen Seite die Menschheit als einheitlicher Organismus und auf der anderen Seite der Mensch als Individuum geboren.

Jeder von uns ist Jude gewesen oder wird es noch sein, jeder Buddhist, Grieche oder Ägypter. Der Mensch kann unmöglich mit irgendeiner besonderen Religion gleichgesetzt werden oder sich damit zufrieden geben. Dasselbe gilt auch in Bezug auf Rassen, Völker und auf das Geschlecht. Kein Mensch kann mit einer einzigen physischen oder psychischen Prägung gleichgesetzt werden. In seiner langen Entwicklung bekommt jeder Mensch die Möglichkeit, sich alle Körperarten, alle Kulturformen, alle Seeleneigenschaften zu Eigen zu machen.

Die Tatsache, dass auch nach der Zeitenwende, bis heute, verschiedene Religionen nebeneinander fortbestehen – und manchmal nicht nur nebeneinander, sondern auch gegeneinander! –, muss als ein Zustand gesehen werden, den das Individuum zu überwinden hat. Wer während der vergangenen Jahrtausende zu wiederholten Malen die Erfahrung einer Religion gemacht hat, die andere ausschloss oder bekämpfte, trägt in sich die tiefe Sehnsucht danach, die Vereinigung aller Religionen im eigenen Herzen zu vollbringen. So kann sich jeder Mensch als lebendige Vereinigung aller Religionen erleben. Die Harmonisierung der Religionen wird für den Menschen wie eine persönliche Erinnerung sein können, wie ein Ins-Gedächtnis-Rufen der eigenen Vergangenheit. In der Erinnerung an das, was man selber im Laufe der Zeit nacheinander in den verschiedenen Religionen durchlebt hat, werden alle Religionen zum ewigen Schatz der eigenen Seele. Dasjenige, was im Nacheinander und in der Gesondertheit wie eine äußere Umhüllung erlebt wurde, wird zur Einheit gebracht und dadurch zum innersten Wesen des Menschen gemacht. Jeder Mensch strebt die Wandlung aller Religionen an – von einem äußerlichen Rahmen des Lebens zu etwas, was zu seinem innigsten Wesen gehört. Indem er selbst zu ihrer lebendigen Einheit wird, versöhnt der Mensch alle Religionen miteinander.

II.
DIE ÖSTLICHEN RELIGIONEN

Wenn man zurückverfolgt, wie sich die Religion im Laufe der Zeit entwickelt hat, kann man tiefe Veränderungen in der Beziehung zwischen Lehrer und Schüler bemerken. Ganz deutlich sind drei Arten zu lehren voneinander zu unterscheiden: wie Buddha, wie Sokrates und wie Christus lehrte.

Buddha, Sokrates und Christus als Lehrer

Buddha will seinen Schülern das weitergeben, was ihm durch eigene Erleuchtung von der geistigen Welt mitgeteilt wurde. Sein Ziel ist es, in den Schüler dieselbe Weisheit überfließen zu lassen, die in ihm lebt – rein und unverändert. Der «gute Schüler» Buddhas ist derjenige, der die Lehre des Meisters in sich aufnimmt, der sich innerlich seinem Meister angleicht. Das Ziel seiner Schülerschaft ist dann erreicht, wenn er denselben Seeleninhalt in sich trägt wie der Buddha, wenn er zu einem getreuen Abbild des Meisters geworden ist.

Ganz anders unterrichtet Sokrates. Er weigert sich grundsätzlich, irgendetwas auf den Schüler zu übertragen, was von ihm und nicht vom Schüler selbst stammt. Was der Schüler nicht aus eigenster, innerster Arbeit erreicht, hat für Sokrates keinen Wert. Er will den Schüler lediglich anregen, selbst tätig zu werden. Daher bezeichnet er seine Methode als «mäeutisch», als Hebammenkunst – er sagt: «Mein Beruf ist der einer Hebamme, wie meine Mutter Hebamme war.» Sie war es im herkömmlichen Sinne. Der Schüler wird ermutigt, eigene Gedanken, eigene Willensimpulse hervorzubringen, originelle und einzigartige. Sokrates möchte nicht, dass aus dem, was seine Schüler sagen, *seine* Lehre herauszuhören ist. Jeder von ihnen muss etwas anderes von sich geben, etwas, was sich vor allem von den Vorgaben des Meisters abhebt. Nichts darf nur aufgrund seiner Autorität als Lehrer, auf Treu und Glauben, angenommen werden. Und so darf es auch keine zwei Schüler unter ihnen geben, die sich gleichen.

Einmal nur lehrte Sokrates wie Buddha und nur einmal Buddha wie Sokrates. Sokrates wurde nur kurz vor seinem Tod «buddhistisch». Er freue sich, so sagt er seinen Schülern, in den Tod zu gehen, ihre Trauer sei fehl am Platz. Buddha hat ein einziges Mal «sokratisch», das heißt logisch und in Gesprächsform, seinen Schüler Sona unterwiesen, um ihn dazu zu bringen, eigene Einsicht zu erlangen.

In der Lehrmethode des Christus, in den Evangelien, finden wir eine Zusammenführung dieser zwei Arten, mit Schülern umzugehen. Dem Volk gegenüber verhält sich der Christus wie Buddha. Er verwendet in seiner Lehre Bilder, Gleichnisse. Diese wirken auch bei denjenigen, die ohne eigene, bewusste Stellungnahme zuhören. Zu den engeren Jüngern verhält sich Christus mehr wie Sokrates. Er führt sie zum selbständigen Urteilen und Handeln. Er erklärt ihnen den Sinn der Gleichnisse in Gesprächsform, als Gedankenfolgerung, die nur im tätigen Denken verfolgt werden kann.

Der Mensch zwischen Altem und Neuem

Die drei Arten, wie sich Buddha, Sokrates und Christus an
die Menschen wandten, ergeben ein zusammenfassendes
Bild der religiösen Wege der Menschheit. Die Lehrmethode Buddhas ist typisch für die religiöse Erfahrung vor der
Zeitenwende. Sokrates nimmt in gewisser Weise den Meister der Neuzeit, die religiöse Erfahrung des modernen Menschen, vorweg. Und die Lehrmethode des Christus führt an
der Zeitenwende beide zusammen: Sie ist die Kunst, von
der einen zur anderen zu wechseln, je nach Entwicklungsstufe des Schülers oder des Zuhörers.

Der Christus knüpft an die Vergangenheit an – er baut
auf sie, indem er sich an das Volk wie ein Buddha wendet.
Aber er schlägt eine Brücke zum Neuen, er schafft einen
Übergang. Übergänge braucht der Mensch auf seinem Entwicklungsweg immer, denn alles kann sich nur stufenwei-
se vom Alten zum Neuen hin ändern. Wenn der Christus so
spricht wie Buddha, knüpft er an das an, was bereits in den
Menschen lebt, noch ehe die Kräfte des Ich ihren endgültigen Einzug in den Menschen halten. Diese Art der Lehre stützt sich auf die jahrtausendelange Vorbereitung durch
die orientalischen Religionen.

Wenn der Christus die Jünger, die ihm näher stehen,
wie ein Sokrates unterweist, nimmt er die ganze zukünftige
Entwicklung der Menschheit vorweg. Nach der Zeitenwende ist es die Aufgabe der Menschen, mit ihren Gedanken
immer selbständiger umzugehen, alle Erscheinungen des
Lebens immer tiefer zu verstehen. Sie sollen immer weni-

ger auf der Grundlage einer Lehre, die geglaubt wird, oder aufgrund von Befehlen einer äußeren Autorität handeln, dafür immer mehr aus der eigenen Überzeugung heraus.

Die Bhagavad Gîtâ und die Paulus-Briefe

Die altindische Bhagavad Gîtâ, eine der schönsten heiligen Schriften der Menschheitsgeschichte, ist nicht nur in ihrer inhaltlichen Vollkommenheit unerreicht, sondern auch in der künstlerischen Form der Sprache. Dagegen finden wir im Vergleich zu ihr in den Paulus-Briefen etwas nur «Allzumenschliches». Man erhält in der Tat den Eindruck, sie seien in Form und Inhalt weit weniger vollkommen.

Aus diesem Grund wird von östlicher Seite gegenüber dem Christentum häufig eingewendet: «Sind die Briefe von Paulus, verglichen mit unseren heiligen Schriften, nicht recht ungehobelt? Euer Paulus wird an allen Ecken und Enden persönlich, seine Briefe lassen ständig menschliche Leidenschaften, seine eigenen Vorlieben und Meinungen durchblicken. Wie kann man die christliche Religion für vollkommener, dem Göttlichen näher halten, wenn man solche als grundlegend angesehenen Schriften mit Inhalt und Form einer Bhagavad Gîtâ vergleicht? Diese ist durch und durch göttlich inspiriert, aber wo ist die göttliche Vollkommenheit bei Paulus?»

Indem man dieser Frage nachgeht, lernt man den Sinn der Entwicklung aus einem anderen Blickwinkel kennen. Zweifellos ist die Bhagavad Gîtâ als Schmuckstück der östlichen Religion, was die Vollkommenheit der Gedanken und die Erhabenheit der Sprache angeht, unübertroffen. Zu jener Zeit waren die Menschen noch fähig, Gedanken und Worte, die unmittelbar von der Gottheit kamen, aufzunehmen. Aber genau das ist der wichtige Punkt: Bei der Bhagavad Gîtâ haben wir es mit einem Werk zu tun, das vollkommener nicht sein kann. Wir haben einen Abschluss, wir stehen auf einem Gipfel, wo es nicht mehr weitergeht. In diese Richtung hätte die Religion nicht weiter fortschreiten können. Und wenn in einer Richtung der höchste Gipfel erreicht ist, muss die Entwicklung, wenn sie nicht zum Stillstand kommen soll, in einer anderen Richtung einen Neuanfang wagen.

Und genau dies geschieht mit den Paulus-Briefen: Hier ist ein Neubeginn, der in eine ganz neue Richtung geht. In der Entwicklung, die der Zeitenwende folgt, ist nicht nur das wichtig, was die Gottheit vollbringt, was sie offenbart – das tut sie ohnehin! Für den Menschen wird immer mehr auch dasjenige entscheidend, was er selbst in Freiheit schaffen kann. Die Bhagavad Gîtâ ist vollkommen, weil sie Gotteswerk ist. Die Paulus-Briefe sind damit verglichen unvollkommen, weil sie mehr Menschenwerk sind. Aber die bescheidenen Anfänge bei Paulus stellen einen Neubeginn dar, der Jahrtausende der Entwicklung vor sich hat. Gerade weil der Mensch in seinem freien Schaffen am Anfang steht, hat er das volle Recht, unvollkommen zu sein. Das Stammeln des Menschen soll nicht an der Vollkommenheit der göttlichen Sprache gemessen werden, sondern an der Zeit, in der der Mensch noch gar nicht sprechen konnte. Wenn ein kleines Kind seine ersten Worte spricht, sind sie gewiss nur ein Stammeln gegenüber dem, was die Eltern sprechen können, trotzdem erleben das die Eltern mit Recht als ein Wunder. Es kommt ihnen nicht in den Sinn, das Stammeln des Kindes als unvollkommen zu betrachten oder mit der eigenen Sprachvollkommenheit zu vergleichen.

«Denn Gott gibt den Geist ohne Versmaß»

Diese Worte aus dem Johannes-Evangelium (Kap. 3,34) werden meist anders übersetzt. Der ganze Vers lautet in der lutherschen Übersetzung: «Denn der, den der Gott gesandt hat, redet Gottes Worte; denn Gott gibt den Geist ohne Maß.» Im griechischen Original finden wir für «ohne Maß»: «ουκ εκ μετρου» (ouk ek metrou). Das heißt nicht: «ohne Maß» oder «unbegrenzt», sondern «ohne Metrik», «ohne Versmaß», ohne die Vollkommenheit des altgewohnten, göttlich inspirierten Versmaßes.

Dieser Bibelvers, der den Theologen schon immer Rätsel aufgab, beginnt mit: «Denn der, den der Gott gesandt hat …». Der Sohn – der Christus, der in seiner Art zu lehren den einzelnen Menschen im Blick hat – wird vom Vater mit der Aufgabe gesandt, der menschlichen Freiheit den Weg zu bahnen. Die Welt des Vaters, die Welt der Naturnotwendigkeit, soll von nun an lediglich die Grundlage, die Rahmenbedingungen, den Werkstoff der menschlichen Freiheit liefern. Weiter heißt es: «… redet Gottes Worte».

Für «redet» finden wir im Griechischen das Wort «λαλει» (lalèi), was unserem «lallen», unserem «stammeln» entspricht, also der Art, wie sich Kinder ausdrücken, wenn sie anfangen zu sprechen.

So lernt der erwachsene Mensch Worte zu äußern, die zuvor von Gott, von göttlichen Elternwesen geäußert wurden. Zu Beginn drückt er sich sehr unvollkommen aus, er «lallt» wie ein Kind. Aber es ist der Anfang einer Entwicklung, die eine lange Zukunft vor sich hat. Und so wird auch der erwähnte Satz verständlich: «Denn Gott gibt den Geist nicht nach dem Versmaß.» Der Sohn lallt, weil die gottinspirierte Vollkommenheit des poetischen Verses nicht mehr wie in alten Zeiten in den Worten enthalten ist.

Das Wort «μετρος» (metros) ist mit dem Sanskritwort «Mantra» verwandt. Es ist die maßvolle Vollkommenheit aller von göttlichen Wesen inspirierten althergebrachten Texte. Von göttlicher Herkunft ist die vollkommene metrische Form, die wir in den orientalischen Schriften, in vielen Teilen des Alten Testaments – zum Beispiel in den Psalmen –, in der Ilias und der Odyssee bewundern. «Sing mir, o Muse …», beginnt Homer und zeigt damit, dass er nicht selbst der Autor der Verse ist. Die göttliche Sprache ist in ihrer Metrik, in ihrem äußeren Ausdruck, poetisch vollkommen. Sie wirkt magisch, suggestiv. Daher finden wir im zitierten Satz des Evangeliums auch das Wort «gibt». Das «geben» bezeichnet die göttliche Eingebung, die der Mensch einfach empfängt, ohne etwas Eigenes hinzuzufügen.

Diesem passiven Entgegennehmen einer göttlichen Inspiration will der Christus ein Ende setzen. Er spricht die

Worte des Vaters ohne die vollkommene Metrik, ohne die vollendete Schönheit der göttlichen Sprache. Er spricht als Mensch zum Menschen wie stammelnd, bescheiden – aber aus dem Innern des Menschen heraus. Er will jeden Menschen ermutigen, die Worte aus dem eigenen Herzen hervorsprudeln zu lassen. Und das kann und will jeder in seinem tiefsten Inneren tun, auch wenn der Anfang ziemlich «kindlich» sein wird. Jeder Mensch ist in der Lage, auf seine Weise Gedanken zu prägen und sie in eigene Worte zu fassen. Es genügt schon, am Anfang das Stammeln nicht zu scheuen, sich dafür nicht zu schämen.

So «erhebt» sich der Mensch allmählich von der wörtlichen Wiedergabe der göttlichen Eingebung zum menschlichen Stammeln. Von der Ankündigung der Propheten des Altertums: «Es ist das Wort Jahves» – יהוה דבר (Dabar Jahve) –, geht die Entwicklung *weiter* zu dem Wort, welches dem menschlichen Denken entspringt, durch das der Mensch seine ersten ureigenen Sprachversuche unternimmt. Mit der Zeitenwende geht die Entwicklung von der göttlichen Vollkommenheit der Bhagavad Gîtâ *weiter* zu der menschlichen «Unvollkommenheit» der Paulus-Briefe.

Der Mensch als Mitarbeiter Gottes

Das göttliche Wirken hört im Laufe der Entwicklung allmählich auf, eine ausschließliche Rolle im Leben des Menschen zu spielen. Es ebnet immer mehr den Weg zu einem bewussten und selbstverantwortlichen Handeln des Menschen. Der Mensch wird immer mehr zum «Mitarbeiter» Gottes an der Schöpfung – anfangs sicherlich bescheiden und unvollkommen, aber dazu berufen, im Laufe der Zeit immer besser mitwirken zu können.

Indem die Gottheit sich zunehmend zurückzieht, nimmt die ursprüngliche Hellsichtigkeit des Menschen entsprechend ab. Gott will dem Menschen nicht mehr ohne dessen Mitwirkung Einblicke in das Innere der Welt geben. Er will ihn nicht mehr mit Visionen erfüllen, die er nicht mit eigenen Gedanken verarbeiten kann, die er nur glauben soll. Von nun an soll in jedem Menschen die freie, schöpferische Kraft des eigenen Geistes mehr und mehr geweckt werden.

Alle göttliche Gnade hat den Sinn, die menschliche Freiheit möglich zu machen. Das umfassende Ziel des Gnadenwirkens ist die Bereitstellung aller nötigen Bedingungen für das freie Schaffen des Menschen – genauso wie ein guter Erzieher für alle Voraussetzungen sorgt, damit das heranwachsende Kind sein ureigenes Wesen entfalten kann.

Eine Gnade ohne die Absicht, der Freiheit Raum zu verschaffen, wäre für den Menschen in Wirklichkeit eine «Ungnade». Wer die menschliche Freiheit als Gegensatz zum Wirken der Gnade versteht, hat deren Sinn völlig missverstanden. Wer seine Freiheit nicht ergreift, wer nicht die volle Verantwortung für den eigenen inneren Weg übernimmt, macht das Wirken der Gnade vergeblich, vereitelt deren höchstes Ziel. Nur wer die in ihm liegende Schaffenskraft nutzt, nur wer den Rahmen seiner Möglichkeiten ausschöpft und sich für Mensch und Erde einsetzt, nur der verwirklicht in sich selbst den göttlichen Willen, denn nur so wird die göttliche Liebe in ihm erfüllt. Würde die Liebe Gottes die freiheitliche Schöpferkraft des Menschen nicht beabsichtigen, dann würde Gott ihm sein Bestes vorenthalten wollen. Weil aber Gott die vollendete Liebe ist, macht er das Schöpfersein auch dem Menschen möglich. Das genau sagt die Bibel, wo es heißt: «Gott schuf den Menschen in seinem Ebenbild» – der Schöpfer schuf einen Mitschöpfer.

In den Kinderschuhen der Freiheit kann der Mensch nicht anders als auch immer wieder zu irren. Das liebevolle Wirken der Gottheit zugunsten des Menschen hat dabei sozusagen weit mehr zu tun als in den Zeiten, in denen die Menschen noch brav und gefügig wie kleine Kinder waren. Auch Eltern haben in der Zeit der Pubertät mit ihren Kindern mehr zu schaffen als zuvor. Deswegen kann es einfach nicht stimmen, dass das göttliche Wirken an Bedeutung verliert, wenn der Mensch seine Freiheit ergreift. Dass Menschen ihre Freiheit ausprobieren, muss nicht heißen, dass sie sich einbilden, sich auf einmal von alleine «erlösen», den restlichen Weg ihrer Entwicklung ganz ohne Hilfe gehen zu können. Die göttliche Führung der heutigen Menschheit – die, vom moralischen Gesichtspunkt aus gesehen, nachweislich voll «pubertärer» Menschen ist – verlangt ein weit kräftigeres Wirken der göttlichen Gnade als in früheren Zeiten. Vielleicht gehören dazu auch die Naturkatastrophen – die ja an Häufigkeit und Gewalt stark zunehmen –, wenn sie in einer schwierigen Lage vielleicht das einzige Mittel sind, die Menschen auf die Selbstzerstörung durch den Egoismus, durch den Materialismus aufmerksam zu machen.

Die Seele, das Ich und das Ichbewusstsein

Auch wenn der Sinn der Zeitenwende darin liegt, das selbstbewusste Ich des Menschen immer mehr zum Vorschein kommen zu lassen, war jeder Mensch auch davor schon ein Ich, ein geistiges Einzelwesen – nur konnte er es sich noch nicht deutlich zu Bewusstsein bringen. Solange der Mensch noch kein Bewusstsein von sich selbst hat, ist er nur dem Vermögen nach Geist. Diese «Potenzialität zum Geist» – wie Aristoteles und die mittelalterliche Scholastik sich ausdrückten – ist das, was schon oben «Seele» genannt wurde: die Fähigkeit, immer mehr zu einem selbstbewussten, individuell schöpferischen Geist zu werden.

Ein Ich, das nicht weiß, dass es ein Ich ist, das noch kein Ich-*Bewusstsein* hat, kann auch nicht als Ich denken und handeln – ähnlich demjenigen, der ein Vermögen geerbt hat, ohne davon zu wissen. Er ist dem Vermögen nach reich, aber er ist es nicht tatsächlich im Leben und Handeln. Die Unterscheidung zwischen «Ich» und «Ichbewusstsein» ist also nicht weniger bedeutsam als die Unterscheidung zwischen Seele und Geist. Wenn wir von Ichentwicklung sprechen, beziehen wir uns in erster Linie auf die Bewusstwerdung seiner selbst vonseiten eines schon immer vorhandenen Ich, denn nur eine solche Entwicklung im Denken macht das möglich, was wir Freiheit im Handeln nennen.

Auf die Gefahr hin, für manche Leser etwas dogmatisch zu klingen, möchte ich hier eine Überzeugung zunächst in Form einer Arbeitshypothese zum Ausdruck bringen: Das Ich des Menschen baut sich am Anfang des Lebens einen Körper mit einem Gehirn auf mit dem Ziel, ein Bewusstsein seiner selbst zu erlangen. Das Gehirn erfüllt die Funktion eines Spiegels: Es erzeugt nicht selbst die Gedanken, sondern spiegelt sie zurück und macht sie dem Menschen dadurch bewusst. Das Ichbewusstsein verhält sich zum Ich, zum geistigen Kern des Menschen, wie das Spiegelbild zu der Wirklichkeit, die es widerspiegelt. Wenn der moderne Mensch im Zeitalter des Materialismus fast nur noch das erlebt, was das Gehirn zurückspiegelt, so ist die Aussage vieler Neurobiologen richtig: Das Gehirn ist der Urheber dessen, was im Bewusstsein erlebt wird. Damit ist aber nicht gesagt, dass das Gehirn der *erste* Ursprung und die *erste* Ursache der Gedankenentstehung ist.

Unsterblich ist man nicht – unsterblich wird man

Wenn nach dem Tod etwas vom Menschen übrig bleibt, bedeutet das noch nicht, dass er als ein selbständiges, ichbewusstes Einzelwesen weiterlebt. Beim Ablegen des Körpers kann als Eigentum des Menschen nur das zurückbleiben, was unabhängig vom Körper in ihm ist. Was nicht vom Körper abhängt – zum Beispiel ein hohes Ideal –, kann dem Menschen nicht ausschließlich von der Natur oder von der göttlichen Gnade gegeben werden. Er muss es aus seiner Freiheit heraus erringen. Die so genannte Unsterblichkeit kann also nicht bei allen Menschen in gleichem Maße vorhanden sein, sie tritt in verschiedenen Stärkegraden auf. Durch den Tod wird dem Menschen nichts dazugegeben, ihm wird nur der Körper genommen – er hat an Unsterblichem zu diesem Zeitpunkt nur das, was er sich selbst erarbeitet hat. Das bedeutet, dass wir in der Zeit unmittelbar nach der Zeitenwende nur von einer anfänglichen Unsterblichkeit des einzelnen Ich sprechen können, weil da die Menschen erst beginnen, eigenständig und schöpferisch zu denken und zu handeln. Auf diesen Gedanken komme ich im sechsten Kapitel zurück, wo die Auseinandersetzung von Scholastikern und Arabern zur Sprache kommt.

Je mehr ein Mensch in seinem irdischen Dasein als selbstbewusstes Ich lebt und handelt, desto intensiver wird sein Ichbewusstsein – seine Unsterblichkeit – nach dem Tod sein. Jeder ist berufen, immer unsterblicher, das heißt immer selbständiger und freier zu werden, immer weniger die Verantwortung für das eigene Handeln anderen zuzuschieben. Das Ichbewusstsein wird in dem Maße kräftiger, in dem jeder immer bewusster seine Entwicklung in die Hand nimmt und am Schicksal von Mensch und Erde Anteil nimmt. Das unsterbliche Wesen des Ich ist das Gesamtergebnis der menschlichen Entwicklung auf der Erde.

Seelenwanderung oder Wiederverkörperung?

Zum Verständnis der östlichen Religionen ist die Frage nach der so genannten «Seelenwanderung» oder nach der «Wiederverkörperung» von Bedeutung. Viele Menschen sind der Ansicht, dass ein grundlegender Unterschied zwischen dem Christentum und den Religionen vor der Zeitenwende darin besteht, dass nach der Auffassung dieser Religionen der Mensch mehr als einmal lebt, dass er immer wieder auf die Erde zurückkehrt. Davon war im herrschenden Christentum bisher keine Rede.

Man muss allerdings unterscheiden zwischen einem Verständnis der wiederholten Erdenleben, das dem heutigen Entwicklungsstand des menschlichen Bewusstseins entspricht – wie es etwa im Fall von Rudolf Steiner zu finden ist –, und einem orientalischen, das wir im Hinduismus, im Buddhismus oder auch in den letzten Ausläufern bei Platon finden. Zwischen beiden besteht ein grundlegender Unterschied, der sich gut anhand der beiden Begriffe «Seelenwanderung» und «Wiederverkörperung» ausdrücken lässt.

Das Wort «Seelenwanderung» steht für das griechische «Metempsychose», was auf das Übergehen der *Seele* von einem Körper zum nächsten hinweist. Der Begriff «Wiederverkörperung», im modernen Sinne verstanden, bezieht sich hingegen auf die Entwicklung eines selbständigen, ichbegabten *Geistes*. Der Unterschied zwischen Seele und Geist ist vergleichbar dem zwischen Kind und Erwachsenem – ein durchaus erheblicher!

Die östlichen Religionen, die vor der Zeitenwende entstanden sind, kannten noch nicht die Voraussetzungen, um in Bezug auf den Menschen von der wiederholten Verkörperung eines voll bewussten, individuellen Geistes zu sprechen. Ihre Rede von Seelenwanderung weist zu Recht auf den Übergang des Menschen als Seele von einem Körper zum nächsten hin. Der Mensch erlebte sich damals noch fast ausschließlich als «Seele», als Glied eines Volkes oder einer Religion, vom gemeinschaftlichen Gesetz getragen – und kaum als einzelner, selbstständiger «Geist».

Der moderne Mensch besteht hingegen nicht nur, wie man immer wieder behauptet, aus Körper und Seele. Zu diesen beiden kommt noch der Geist hinzu – das Ichbewusstsein, die Fähigkeit, mit dem eigenen Kopf zu denken und aus eigenem freiem Willen zu handeln. Diese Dreigliedrigkeit des menschlichen Wesens – in früheren Zeiten Trichotomie oder Dreiteilung genannt – war in den ersten christlichen Jahrhunderten noch allgemein bekannt. Im Jahr 869 wurde sie aber amtlich im Konzil von Konstantinopel von der Kirche für ketzerisch erklärt. Aber auch davor, in den ersten Jahrhunderten nach der Zeitenwende, konnte zunächst nur andeutungsweise vom individuellen menschlichen Geist gesprochen werden. Es war mehr eine Vorahnung dessen, was jeder Mensch erst im Laufe einer langen Entwicklung werden kann. Deshalb ist auch die Aussage, nach der ein Mensch aus Körper, Seele und Geist besteht, gewissermaßen missverständlich. Der Mensch *kann* in dem Maße, wie er an sich arbeitet, seiner körperlichen und seelischen Natur immer mehr «Geist», das heißt immer mehr individuelle und schöpferische Impulskraft einverleiben. Er ist dazu berufen, immer mehr zum freien Geist zu werden. Körper und Seele werden ihm von der göttlichen Gnade, von der Natur gegeben. Sie «funktionieren» sozusagen von selbst, ohne sein freies Zutun. Geist ist hingegen dasjenige, was jeder sich nur individuell und bewusst erobern kann – in voller Freiheit.

Der Unterschied zwischen Seele und Geist ist gut an dem doppelten – dem «aktiven» und «passiven» – Intellekt, dem νους (nus) von Aristoteles, zu erkennen. Alles, was der Mensch an Eindrücken passiv entgegennimmt, formt sein Seelenwesen. Als Seele steht der Mensch unter dem Einfluss des Körpers, der Vererbung, der Umwelt und der Gebräuche seiner Umgebung. Als Seele ist er Teil einer Gemeinschaft, er ist noch kein selbständiges Individuum, er ist wie ein Schaf in der Herde, wie das Kleinkind geborgen in seiner Umgebung.

In dem Maße aber, in dem der Mensch innerlich schöpferisch wird, Ureigenes hervorbringt, entwickelt er sich immer mehr zum Geist. So wie er als Seele von der Gruppe mitgerissen wird, so entwickelt er als Geist eigene Initiative und wird selbständig. Dies ist der durchgreifende Unterschied zwischen der Seele – und ihrem Entwicklungsgesetz, der Seelenwanderung – und dem individuellen Geist mit seiner besonderen Entwicklungsart, der Wiederverkörperung.

Das wiederholte Aufbauen eines dem Ich angemessenen, einzigartig geprägten Körpers ist das Entwicklungsgesetz des Ich, des individuellen Geistes, der ewigen Individualität des Menschen. Von Wiedergeburt im eigentlichen Sinne kann man nur in Bezug auf eine spürbare Icherfahrung sprechen – auf eine sich gleich bleibende Individualität, die einen eigenen Plan für ein ganzes Leben fasst und ihn verwirklicht. Kraft seiner Einzigartigkeit schafft sich der Menschengeist jedes Mal einen neuen Körper, um seine eigenen Entwicklungsziele zu verfolgen.

Krishna und die Überwindung des Blutes

Eine wichtige Hindu-Gottheit trägt den Namen Krishna. Wer Krishna ist, wird auch innerhalb des Hinduismus unterschiedlich beantwortet, je nachdem, ob man sein Wirken in den Anfängen der indischen Religion ins Auge fasst oder dasjenige, was er viel später dem Arjuna, seinem Wagenlenker in der Bhagavad Gîtâ, anvertraute. Und noch etwas anderes ergibt sich, wenn man fragt, wer Krishna heute ist, was er uns heute zu sagen hat und wie er in der heutigen Menschheit wirkt.

Im großen Mahabharata-Epos, zu dem die Bhagavad Gîtâ gehört, findet man etwas, was wenig bekannt ist: Krishna fordert Arjuna auf, seine Blutsverwandten ohne zu zögern in den Tod zu schicken. Wer in den östlichen Religionen nur Friedensliebe und Mitleid sehen will, mag sich wundern, dass eine grundlegende Aufforderung der Gottheit in der Bhagavad Gîtâ darin besteht, dass der Mensch den Mut fassen soll, die eigenen Blutsbande zu überwinden, sich von ihnen zu befreien.

Im Altertum war das Leben des Einzelnen durch die ererbten Kräfte des Blutes vorbestimmt. Genau diese Abhängigkeit sollte mit der Zeitenwende endgültig überwunden werden. Die angestammte, instinktive Hellsichtigkeit hing von den Kräften des Blutes ab, sie wurde durch die Heirat unter Blutsverwandten bewahrt. «Aber nun nähert sich die Zeit», sagt Krishna zu Arjuna, «in der die blutsgebundene Hellsichtigkeit nicht mehr zeitgemäß ist, weil sie der Entwicklung des vom Denken aufgehellten Bewusstseins des Einzelnen entgegenwirkt. Wenn du die Zukunft vorbereiten willst, musst du die Kräfte des Blutes in dir überwinden. Du darfst dich nicht länger nur von den Kräften der Vererbung bestimmen lassen. Die von alters her geheiligte Ehe zwischen Blutsverwandten muss ein Ende finden. Die Nahehe muss durch die Fernehe ersetzt werden. Das Gründen einer Gemeinschaft auf Blutsverwandtschaft schließt alle anderen Menschen aus. Die Wahlverwandtschaft erzeugt hingegen eine Gemeinschaft, zu der alle Menschen ohne Ausnahme gehören können.»

Das Überschreiten dieser wichtigen Schwelle der Menschheitsentwicklung wird in den Mythologien und Religionen der Völker wunderbar beschrieben. Man denke zum Beispiel an den Raub der Sabinerinnen in der römischen Geschichte oder an die Geschichte des althebräischen Volkes, wo mehrfach daran erinnert wird, dass die Vermischung des eigenen Stammesblutes mit dem Blut anderer Völker die schlimmste Sünde gegen Jahve darstellt, weil sie den Verlust der bevorzugten Beziehung zu ihm, den Verlust jeglicher «Magie des Blutes» zur Folge hätte.

Und dennoch sucht selbst Abraham eine Ehefrau außerhalb des jüdischen Volkes ...

Auch das Evangelium weist auf dieses Geheimnis hin, etwa beim ersten «Zeichen» des Christus anlässlich der Hochzeit zu Kana in Galiläa. Das Wort «Galiläa» bedeutet hebräisch Blutsmischung, Völkergemisch. «Nichts Gutes kann aus Galiläa kommen!», waren sich deshalb die Bewohner von Judäa, die «reinblütigen» Juden, sicher. Aber der Christus konnte nur unter Menschen wirken, die sich zumindest anfänglich von der Blutsverwandtschaft lösten. Nur bei ihnen konnte er die zweite Phase der Entwicklung einleiten, die von der Wahlverwandtschaft, das heißt von der Freiheit des einzelnen Menschen getragen wird.

Man kann also verstehen, warum Krishna zu Arjuna sagt: «Kämpfe tapfer, stürze dich in den notwendigen Verlauf des menschlichen Schicksals, wonach sich fortan Blut gegen verwandtes Blut erheben muss. Die zukünftige Entwicklung erfordert, dass jede von der Vererbung getragene Gruppeneigenschaft aufhöre, den Menschen zu bestimmen. Sie verlangt, dass das Gemeinsame von jetzt an sich zum Werkzeug für die Freiheit des Einzelnen mache.» Genau dasselbe sagt Christus mit Worten, die vielen Christen Kopfzerbrechen bereitet haben: «Wenn jemand zu mir kommt und nicht hasst» – griechisch: μισει (misei) – «seinen Vater, Mutter, Frau, Kinder, Brüder, Schwestern und dazu sich selbst, der kann nicht mein Jünger sein» (Lukas 14,26). Damit ist gesagt: Der Mensch kann seine Blutsverwandten nur dann wirklich lieben, wenn er sie aus seiner Freiheit heraus *als Menschen* liebt, wie alle anderen

Menschen auch. Um dies zu tun, muss er die vom Blut bewirkte, unfrei machende Liebe überwinden, er muss sie zurückweisen, muss das von ihr Bestimmtwerden «hassen». Die durch das Blut bewirkte Liebe ist nur der allererste Anfang der wahren Liebe, die von der Freiheit untrennbar ist.

Was ist also die wahre Natur des Krishna? Das ist wunderbar in der Bhagavad Gîtâ beschrieben: Krishna stellt sich dort als Ausdruck des schöpferischen, kosmischen Wortes dar. Er ist das Wesentliche in allen Wesen, die schöpferische Kraft, der Inbegriff aller Dinge, die tätige Ursache und das Entwicklungsgesetz der ganzen Schöpfung.

Krishna verkündet wörtlich: *«O Arjuna (Gudakesa), ich bin der Paramatma, der in den Herzen aller Lebewesen gegenwärtig ist. Ich bin die letztliche Ursache von Geburt, Erhaltung und Vernichtung aller Lebewesen. Von den 12 Âdityas bin ich Visnu, von den strahlenden Objekten bin ich die Sonne, von den vayus bin ich Marichi und von den Himmelskörpern bin ich der Mond. Von den Veden bin ich der Sama-veda, von den devas bin ich Indra, der König der himmlischen Planeten, von den Sinnen bin ich der Geist und ich bin das Wissen und das Bewusstsein aller Lebewesen. Von den 11 rudras bin ich Sankara (Siva) und von den yaksas und raksasas bin ich Kubera, der Herr des Reichtums. Von den 8 vasus bin ich Agni und von den Bergen bin ich der Sumeru. O Sohn Prthas, ich bin Brhaspati, das Oberhaupt aller Priester. Von den Generälen bin ich Karttikeya (Skanda) und von allen Gewässern bin ich der Ozean. Von den Weisen bin ich Bhrgu, von den Klang-*

schwingungen das transzendentale Om, von allen Opfe-
rungen die Wiederholung des Heiligen Namens (japa-yaj-
na) und von den unbeweglichen Dingen der Himalaya. Von
den Bäumen bin ich der Banyanbaum, von den Weisen un-
ter den devas bin ich Narada Muni, von den himmlischen
Sängern (gandharvvas) bin ich Chitraratha und von den
vollkommenen Wesen bin ich Kapila Muni. Wisse, von den
Pferden bin ich Ucchaihsrava, das aus dem Quirlen des
Nektarozeans hervorging; von den Elefanten bin ich Aira-
vata und unter den Menschen bin ich der König. Unter den
Waffen bin ich der Donnerkeil (Vajra) und von den Kühen
bin ich Kamadhuk (die Surabhi-Kuh). Unter den Liebesgöt-
tern bin ich Kandarpa, der die Nachkommenschaft sichert,
und unter den giftigen, einköpfigen Schlangen bin ich Va-
suki.» (Bhagavad Gîtâ, Kap. 10, 20-28, in der Übersetzung
von Srila Bhaktivinoda Thakur)

Krishna, Buddha und der Idealismus

Was Krishna hervorhebt, wenn er von sich als dem göttlichen Weltsinn, als dem reinen Wesen oder der reinen
Idee, die in den Dingen wirksam ist, spricht, wird von Rudolf Steiner mit einer Kulturerscheinung in Verbindung gebracht, die in der Menschheit nach der Zeitenwende auf-
gekommen ist: dem mitteleuropäischen Idealismus. Auch
hier wird vom Absoluten, vom Wesentlichen aller Dinge
gesprochen, das in der ganzen Welt am Werk ist, das sich
in allen Dingen als schöpferisches Wort offenbart.

Es besteht aber ein wichtiger Unterschied zwischen dem vorchristlichen Charakter der Bhagavad Gîtâ und dem im Kern christlichen Idealismus. Die göttlichen Gedanken werden Arjuna von Krishna geoffenbart, ohne dass der Empfänger mit seinem eigenen Denken tätig werden muss. Im deutschen Idealismus hingegen, so abstrakt die Gedankengänge dieser Denker erscheinen mögen, werden die gleichen Ideen vom Menschen selbst errungen, kraft einer durch und durch individuellen Denkschöpfung.

Der Idealismus hat sich bis jetzt nicht in der europäischen Kultur, in keiner Kultur allzu tief verwurzeln können. Dies ist ein Zeichen dafür, dass in der Menschheit die Kräfte des Denkens erst am Anfang ihrer Entwicklung sind. Es sind heute vielleicht nur ganz wenige, die sich den von den Idealisten «mit heißem Bemühen» *(Faust)* geführten Erkenntniskämpfen stellen. Und doch geben diese Denker das beste Zeugnis von der denkenden Ichkraft, die in jedem Menschen keimhaft vorhanden ist. Sie zeugen vom inneren Ringen um Freiheit und Schöpfertum des Menschengeistes.

Der achtgliedrige Pfad Buddhas – damals und heute

Im sechsten Jahrhundert vor der Zeitenwende, lange nach der Schöpfung der Bhagavad Gîtâ, erschien der Buddha. Er fasste auf geniale Weise all das zusammen, was in den Lehren der orientalischen Religionen bis zu seiner Zeit entstanden war, was sich in den Veden und im Vedanta (Sanskrit für «Weisheit») offenbart hatte – zeitgleich mit der Morgendämmerung der griechischen Kultur. Er sah es als seine Aufgabe an, alles Althergebrachte der zukünftigen Menschheit zu überliefern, denn die Zeit, in der diese Wahrheiten noch von oben inspiriert werden konnten, war vorüber. Die Offenbarung von Jahrtausenden sollte der Menschheit in der Erinnerung bewahrt bleiben.

Der grundlegende Beitrag Buddhas für die Zukunft der Menschheit besteht demzufolge nicht so sehr im Weisheitsgehalt seiner Lehre. Das Besondere im Buddhismus liegt vielmehr in der Betonung der moralischen Entwicklung des Menschen, der praktischen Übungen, welche in der Befolgung des achtgliedrigen Pfades gemacht werden. Dies ist eine tief greifende Wandlung von der orientalischen Hindu-Religion des Altertums, welche weisheitsvolle Offenbarungen in den Vordergrund stellt – als Ausdruck des göttlichen Wirkens in der Welt –, hin zu einer ethischen Forderung nach innerer Läuterung. Diese setzt voraus, dass der Mensch nunmehr anfängt, die eigene Entwicklung in die Hand zu nehmen.

In Rudolf Steiners Buch *Wie erlangt man Erkenntnisse der höheren Welten?* findet man unter den seelischen Übungen den achtgliedrigen Pfad Buddhas angeführt. Und man kann sich fragen: Soll der heutige Mensch zum Buddhismus zurückkehren? Spielt hier vielleicht die Perspektive der Entwicklung keine Rolle, wenn zweieinhalb Jahrtausende nach dem Buddha derselbe innere Weg wie damals empfohlen wird?

Nehmen wir einen Menschen, der fünfhundert Jahre vor der Zeitenwende dem achtgliedrigen Pfad Buddhas gefolgt ist, und einen, der heute diese acht Übungen macht. Werden es beide Male dieselben Übungen sein? Die Antwort kann nur lauten: ja und nein. Die Absicht, als Mensch weiterzukommen, ist dieselbe, aber die Art und Weise der Ausführung, die innere Erfahrung, die dabei gemacht wird, werden sich sehr voneinander unterscheiden. Vor der Zeitenwende konnten diese Übungen noch nicht aus der individuellen Ichkraft heraus durchgeführt werden – der Buddha-Schüler gehorchte in allem seinem Meister. Nach der Wende kann der Mensch den von Buddha gezeigten Weg nur aufgrund einer freien Entscheidung gehen – und auf ganz individuelle Weise.

Es kommt nicht darauf an, ob ein Mensch, der diese acht Übungen macht, sich «Buddhist» oder «Christ» oder «Muslim» nennt. Wichtig ist, ob er diese Übungen auf zeitgemäße Weise vollzieht, ob er mit ihnen bei seiner Aufgabe als heutiger Mensch besser zurechtkommt. Wichtig ist, was er dabei erlebt und was er durch diese Übungen innerlich wird.

Die einzelnen Schritte des achtgliedrigen Pfades sind:

1. richtig denken;
2. richtig entscheiden;
3. richtig sprechen;
4. richtig handeln;
5. den richtigen Beruf finden;
6. sich die richtigen Gewohnheiten aneignen;

7. seine richtigen Lebenserfahrungen schätzen;
8. die richtige Meditation üben.

Das Was bedenke, mehr bedenke Wie

Seit der Zeitenwende hat sich im menschlichen Bewusstsein vieles verändert. Ist es da nicht eine wichtige Frage, was Buddha dem Menschen heute zu sagen hat – nicht weniger wichtig als dem nachzugehen, was er vor zweieinhalbtausend Jahren getan und gelehrt hat? Wo ist Buddha heute und was tut er jetzt? Wenn man davon ausgeht, dass er ein reales geistiges Wesen ist und kein ausgedachtes, so muss er noch heute seine Wirksamkeit entfalten.

Würde er heute noch dasselbe sagen wie damals? Wenn sich die Menschheit in diesen Jahrtausenden gerade auch dank seiner Lehre weiterentwickelt hat, wenn wir in unserer Zeit ganz andere Entwicklungsaufgaben gegenüber früher haben, müssen wir dann nicht auch annehmen, dass der Buddha den Menschen heute viel Neues zu sagen hat – auch wenn seine jetzigen Anhänger um jeden Preis dem «treu» bleiben wollen, was er vor langer Zeit lehrte?

Auch die «Zehn Gebote» des mosaischen Gesetzes behalten bis heute ihre volle Gültigkeit, auch heute gilt uneingeschränkt zum Beispiel «Du sollst nicht töten». Nur sind die Möglichkeiten, Lebendes zu töten, nach über zweitausend Jahren ganz andere, differenziertere geworden. Damals sprach man beispielsweise noch nicht von «Rufmord», damals war es technisch noch nicht möglich, Pflanzen- und Tierarten tausendfach zum Absterben zu bringen, wie es heute der Fall ist.

Dasselbe gilt für die «acht Gebote» Buddhas. Das entscheidende Wort, das sie alle gemeinsam haben, ist das Wort «richtig» – alles muss beim Menschen seine Richtigkeit haben. In der Perspektive der Entwicklung ist das Richtige für eine Zeit – etwa beim Umgang des Lehrers mit dem zehnjährigen Kind – nicht mehr richtig zu einer späteren Zeit. Im modernen Zeitalter der Individualisierung und der Freiheit heißt richtig nicht nur *zeitgemäß*, sondern auch *individuumsgemäß*, das heißt passend zu dem Einzelmenschen in seiner Einzigartigkeit. Was für den einen Menschen gut ist, kann für den anderen sehr schlecht sein. So kann man sowohl das zu allen Zeiten Gültige als auch das Neue in allen acht Übungen des buddhistischen Pfades verfolgen:

1. bis 4.: Richtig denken, richtig entscheiden, richtig sprechen, richtig handeln. Dies sind auch heute unsere vier Haupttätigkeiten, die aufeinander aufbauen:

1. richtig wahrnehmen;
2. richtig denken;
3. richtig fühlen;
4. richtig wollen und handeln.

Das Erste war damals die richtige Ansicht: Im alten Hellsehen waren Wahrnehmung und Begriff in einem gegeben. Heute muss das der Mensch in zwei gesonderten Schritten tun: Er muss Aufmerksamkeit und Interesse im Wahrnehmen üben (Hingabe an den anderen), dagegen Tätigkeit und Willenskraft im Denken, in der Begriffsbildung (Erkraftung des Ich). Das richtige Sprechen ist das genaue Ausdrücken dessen, was im Inneren (in der Welt der Seele, der Gefühle) lebt. Richtig sprechen hieß damals, sich an das geoffenbarte Wort der Gottheit zu halten. Das Wahrheitsgemäße zu sprechen genügt heute nicht mehr: Heute liest man in den Zeitungen Wahrheiten über Wahrheiten, dort wird oft genug «richtig gesprochen» – und dies deshalb, weil die Wahrheit inzwischen vielfach ungefährlich, ja unwirksam gemacht worden ist. Die Macht schafft es mühelos zu sagen: «Schön wäre es, wenn das eigentlich Richtige zu tun möglich wäre. Aber wir können es nicht, es geht einfach nicht.» Zeitgemäßer als das «richtig» Sprechen ist heute deshalb das *gut* Sprechen geworden: Nicht nur im Hinblick auf die theoretische Richtigkeit der Inhalte, sondern auf die reale Wirkung dessen, was man sagt und was man druckt.

Die unteren vier Glieder des Pfades (5. bis 8.) beziehen sich auf die Struktur der Zeit, auf die Entwicklung. Das fünfte ist das Richtige in der Gegenwart: seinen Standort, seine individuelle Aufgabe hier und jetzt finden. Diese war damals mehr von außen – vom Karma oder von der Kaste – vorbestimmt. Heute muss das Individuum viel mehr freiheitliches Ringen aufbringen, um seinen «richtigen Standort» zu finden. Die Massenarbeitslosigkeit unserer Zeit ist ein Zeugnis für dieses Ringen. Die «richtige Gewohnheit», das richtige Streben (6.) bezieht sich auf die Zukunft, auf die großen Ideale und Ziele des Lebens. Heute muss die moralische Phantasie des Einzelnen dasjenige

gänzlich individualisieren, was sich damals noch gruppenhaft in Geboten, Gesetzen und Gebräuchen ausdrückte.
Das richtige Streben zielte damals dahin, sich dem Karma
zu fügen – heute genügt das nicht mehr. Heute muss der
Mensch um das schwierige Gleichgewicht zwischen Gehorsam und Freiheit ringen. *Dieses* Ringen ist das «richtige
Streben» von heute.

Ähnliches gilt für die Vergangenheit (7. das richtige
Gedächtnis). Die Kontinuität, die Treue, hatte damals weit
mehr Gewicht als das freie, individualisierte Schaffen des
Neuen. Das Lernen aus Erfahrung war mehr ein Lernen
von der Erfahrung *anderer*: von Buddha, von den vorangegangenen Generationen und so weiter. Heute kann das Gedächtnis, das Schöpfen aus der Lebenserfahrung, nur «richtig», das heißt wirksam im Sinne des Guten sein, wenn
es sich um die *eigene* Erfahrung handelt. Und das medita-
tive Leben (8. die richtige Meditation) wird heute nicht das
«richtige» sein können, wenn der Mensch «im Nebenzim-
mer» noch so oft und so schön meditiert, aber in dem, was
er «im Arbeitszimmer» tut, keine Spur von dem zu finden
ist, was in der Meditationsstube geschieht.

Die griechische und die Vedanta-Philosophie

Man kann den Geist der östlichen Religion auch mit dem
der griechischen Kultur vergleichen. Dabei kann man ent-
decken, wie in der Vedanta-Philosophie die Ideen der Dinge, die Begriffe, durch eine unmittelbare geistige Wahr-

nehmung gewonnen werden – und wie in der griechischen Philosophie der Mensch zu etwas völlig Neuem übergeht: zu Begriffen, die vom Menschen selbst erarbeitet werden. Dieser Übergang – der im schon erwähnten Idealismus einen gewissen Abschluss gefunden hat – ist als religiöses Phänomen von tiefer Bedeutung.

Der heutige Mensch kann sich nicht leicht vorstellen, wie es in früheren Zeiten möglich war, Begriffe durch Hellsichtigkeit einfach zu «sehen». Man kann es dennoch versuchen, indem man beispielsweise die Dialoge von Platon unter diesem Gesichtspunkt liest. In ihnen kann man überall den Übergang von den hellseherisch wahrgenommenen zu den vom Menschen hervorgebrachten Begriffen verfolgen. Wenn man beispielsweise das Gespräch *Theaitet* in die Hand nimmt, so findet man darin zwei grundlegend gegensätzliche Aussagen, welche die beiden genannten Entwicklungsstufen des Denkens zum Ausdruck bringen.

Einer der Gesprächspartner vertritt dort die Auffassung, dass die Begriffe genauso wahrgenommen werden wie alle anderen Dinge. Der Mensch empfängt sie, so meint er, gewissermaßen von außen gemeinsam mit den Gegenständen, die er in der Sinneswelt gewahr wird. Der andere Gesprächspartner hält den Gedanken geradezu für das Gegenteil einer Wahrnehmung: Diese erhält der Mensch passiv über die Körpersinne, die Begriffe schafft er hingegen selbst durch tätige Denkarbeit.

So liefern uns diese beiden Menschen die objektive Tatsache eines Schwellenübergangs in der Entwicklung der Menschheit. Beide Gesprächspartner haben vollkommen

Recht, beide sagen das «Richtige» in dem Sinne, dass jeder die eigene innere Erfahrung getreu wiedergibt.

Der erste Gesprächspartner ist ein älterer Mann, der in der Tat gleichzeitig mit den sinnlichen Wahrnehmungen der Dinge auch ihr geistiges Wesen, den ihnen zugrunde liegenden Begriff aufnimmt. Er tut dies noch auf die alte Weise, wie das in den orientalischen Religionen der Fall war: dank einer göttlichen Offenbarung, in der Bild, Wort und Begriff ein und dasselbe waren. In jeder hellsichtig empfangenen Offenbarung waren die sichtbare Wirklichkeit und ihr geistiger Inhalt nicht voneinander getrennt, sie waren in der geistigen Schau gleichzeitig «gegeben». Noch heute sagen wir «ich sehe ein», wenn wir «ich verstehe» meinen.

Der andere Gesprächspartner vertritt als jüngerer Mensch das Gegenteil. Dies nicht deshalb, weil er anderer «Meinung» ist, als ob sich zwei unterschiedliche Meinungen gegenüberstünden, sondern weil er eine ganz andere Selbsterfahrung macht, weil er ein ganz anderer Mensch ist. Er ist jemand, der Gedanken auf eine andere Art als der erste erlebt. Für ihn stellen die Wahrnehmung einer Sache und der dazugehörige Begriff nicht nur zwei aufeinander folgende, voneinander getrennte Momente des Erkenntnisprozesses dar – sie stehen noch dazu im Gegensatz zueinander: Die eine Herangehensweise ist passiver, die andere ganz und gar aktiver Natur. In der Begriffsbildung fügt der Mensch der Wahrnehmung kraft seines Denkens dasjenige *hinzu*, was die Wahrnehmung ihm *nicht* gibt.

Die unterschiedliche Antwort der zwei Gesprächspartner erklärt auch den Unterschied zwischen der Vedanta-

und der griechischen Philosophie. Vor der Fähigkeit, selbständig zu denken, geschah die Begriffsbildung durch das Wirken der Gottheit im Menschen! Nicht der Mensch bildete die Begriffe, sondern Gott ließ sie durch Eingebung im Menschen entstehen. Es ist der Lage vergleichbar, in der sich ein Kind befindet, welches schon sprechen, aber noch nicht selbständig denken kann. In allen Wörtern der Sprache sind Begriffe enthalten, aber das Kind nimmt sie fertig von der Außenwelt mit der Sprache entgegen. Erst später lernt es, durch eigene innere Tätigkeit die Begriffe selbst neu zu bilden.

Die griechische Philosophie schafft den Übergang von Platon, der die letzten Nachklänge der orientalischen Selbsterfahrung des Menschen widerspiegelt, zu Aristoteles, dem ersten großen Selbstdenker des Abendlandes. Mit seiner «Logik», seinem ganz menschlichen Erkenntnisringen, führt er eine neuartige Erkenntnistheorie ein. Bei ihm ist die «Theorie» nicht mehr ein beschauliches «Betrachten», wie das alte griechische Wort «θεορια» (theoria) besagt: Sie wird zur menschlichen Neuerschaffung der göttlichen Weisheit, von der der Mensch nunmehr kraft des eigenen Denkens die inneren Zusammenhänge, die innere Dynamik erfasst.

Mit Aristoteles beginnt eine neue Art des Begriffsdenkens, eine neue Art, die Weltlogik zu ergreifen. Der Mensch beginnt, den Gedanken als ureigene Schöpfung zu erleben. Die Erzeugung von Begriffen, das Erfassen von deren Beziehungen zueinander kann fortan als menschliche «Tathandlung», um es mit Fichte zu sagen, erlebt werden. Der kosmische Logos, der Weltsinn, wird zur menschlichen Logik, zum Menschendenken. Als Erfinder der Begriffe beginnt der Mensch auch die Verantwortung für dasjenige zu übernehmen, was er denkt und was er denkend vollbringt. Er hat kein Recht mehr, die Gottheit allein für dasjenige verantwortlich zu machen, was in seinem Denken und Handeln geschieht – oder auch nicht geschieht!

Buddha als Vorläufer der Zeitenwende

Mit seiner Lehre erweckt der Buddha im Menschen ein Bewusstsein davon, wie unerlässlich es ist, die Kräfte von Liebe und Mitleid zu pflegen. Das ist seine Mission in einer Zeit, in der die Gottheit die Menschheit führt, in der aber zugleich der Einzelne anfängt, seine eigene Entwicklung in die Hand zu nehmen. Indem Buddha die moralische Entwicklung, den achtgliedrigen Pfad in den Vordergrund stellt, gibt er dem Menschen zu verstehen, dass die Zeiten vorüber sind, in denen er alles von der Natur oder von der göttlichen Gnade erwarten durfte. Um gut zu sein, muss er von nun an mehr tun als nur der Natur folgen. Er muss anfangen, an sich selbst zu arbeiten, er muss danach streben, die notwendig gewordenen Kräfte von Liebe und Mitleid in sich zu stärken.

Aber genau dies lässt die wichtige Frage entstehen: Wie kann der Mensch zu diesen Kräften kommen? Er kann sie doch nicht einfach durch Nachdenken sprießen lassen. So wie die Pflanze all ihre Wachstumskräfte aus dem Boden, dem Licht, der Luft zieht, so muss es für den Menschen doch auch einen Boden, eine Quelle geben, woraus er die Kräfte der Liebe und des Mitleids schöpfen kann, die er immer dringender braucht!

Es reicht nicht aus, dass sich der Mensch der Notwendigkeit bewusst wird, liebe- und mitleidvoll zu sein. Die Theorie genügt nicht, es bedarf der realen Kraft der Liebe, der wirksamen Kraft des Mitleids. Und die wichtige Frage ist: Wo kommen diese Kräfte her? Von welchem Wesen empfängt der Mensch die Wirklichkeit, die reale Wirksamkeit von Liebe und Mitleid? Es ist eines, zu wissen, was gemacht werden soll, und ein anderes, es auch zu tun. Es ist eine Sache, zu wissen, dass ein Ofen das Zimmer wärmen muss, und eine ganz andere, einen zu haben, ihn mit Holz zu füllen und es anzuzünden, damit er auch wirklich das Zimmer wärmt.

Buddhas Aufgabe war, die «Erbsünde», die durch den Egoismus hervorgerufene Zersplitterung der Menschheit in lauter Einzelmenschen, aufzuzeigen, dem Menschen den Ernst der Lage bewusst zu machen. Im sechsten Jahrhundert vor der Zeitenwende hat Buddha auf die Notwendigkeit eines göttlichen Eingreifens hingewiesen, das den Menschen die notwendigen Kräfte zur Verfügung stellt, die zur Überwindung des Egoismus erforderlich sind. So wie beim Sündenfall wirkliche Wesenheiten und Kräfte gewirkt haben, so bedarf die Erlösung des Menschen nicht weniger realer Kräfte, wirksamer Geister. Nur *wirkliche* Kräfte der Liebe und des Mitleids können den Egoismus im Menschen besiegen.

III.

BUDDHA
UND ZARATHUSTRA

Die nachsintflutliche Entwicklung der Menschheit kann, wie schon erwähnt, als Entwicklung der Religion schlechthin gesehen werden. Den Anfang bildet die altindische Kultur, die von einer tiefen Sehnsucht nach einer Rückkehr in die verlassene geistige Welt geprägt war. Von der ursprünglichen Erfahrung des Geistigen war im siebten, achten Jahrtausend vor der Zeitenwende nur noch ein träumerisches, instinktives Hellsehen übrig geblieben. Später verlor sich auch dies und es blieben nur Erzählungen von dem zurück, was die Ahnen vor der Sintflut auf dem alten atlantischen Kontinent erlebt hatten, als sie noch mit höheren geistigen Wesen Umgang pflegten. Der Mensch und die Erde lebten damals – so wurde wehmutsvoll überliefert – im vollen Einklang mit dem Himmel.

So konnte diese erste Form von Religion nichts anderes als ein Ausdruck der Trauer über den Verlust der unmittelbaren Verbindung mit dem Geist sein. Eine tiefe Wehmut durchdrang das Gemüt der Menschen, die sich in der Welt der Materie verwaist und verlassen fühlten. Sie sehnten sich zurück nach dem verlorenen Paradies. In jenen Zeiten konnte der Mensch noch nicht ermessen, welchen tiefen, menschenfördernden Sinn das Leben im verkörperten Zustand haben kann. Er hatte noch nicht die Kräfte in sich, um diejenige Entwicklung in Anspruch zu nehmen, die nur durch die Auseinandersetzung mit allen Erdenkräften möglich ist.

So kann man verstehen, dass die erste Form von Religion von einer tiefen Abneigung der materiellen Welt gegenüber geprägt war. Der Mensch empfand: Gegenüber dem Reichtum der geistigen Welt ist die Welt der Materie eintönig und blass. Durch die Verbindung mit der Materie verdunkelt sich das menschliche Bewusstsein. So galt die sichtbare Welt als *Maja*, als die große Illusion, das große Nichtsein. Der Mensch konnte noch nicht sehen, dass für seine Entwicklung die Arbeit in und an der physischen Welt notwendig ist. Er wollte weg von dieser Welt und zurück zur geistigen Heimat. Religion war damals Erdenflucht. Der mit übereinander geschlagenen Beinen sitzende Buddha ist die Verkörperung einer Religion, die das Göttliche nicht im Wandeln und Schaffen auf der Erde sucht, sondern in einer rein geistigen Welt.

Zarathustra – die Erde als Arbeitsfeld

Die zweite nachatlantische Kultur, die altpersische, bringt demgegenüber etwas ganz Neues zum Ausdruck: Der große Eingeweihte Zarathustra führte eine ganz andere Art der Religion ein, wodurch die althergebrachte Abneigung gegenüber der physischen Welt überwunden werden konnte. Der Mensch fing jetzt an, den positiven Sinn seiner Verkörperung auf der Erde zu erleben.

Zarathustra ist der Erste, der die Erde als lohnendes Arbeitsfeld betrachtet. Der Mensch hat in seiner Entwicklung eine Stufe erreicht, so meint er, auf der er nur im Leben auf der Erde innerlich weiterkommen kann. Zwar wird die Welt der Materie immer noch als etwas gesehen, was dem

Geist widerstrebt – in ihr wirkt die dunkle geistige Macht Angria Mainju (Ahriman), die Gegenkraft zu Ahura Mazda (Ormuzd), zum Wesen des Lichtes und des Guten –, neu ist aber die Überzeugung, dass gerade dieser *Kampf* zwischen Gut und Böse, zwischen Geist und Materie, den Menschen am meisten in seiner Entwicklung weiterbringen kann.

Im vierten, fünften Jahrtausend vor der Zeitenwende sagte Zarathustra prophetisch etwas voraus, was die nachatlantischen Mysterien nachhaltig geprägt hat. Seine große Prophezeiung lautete: Der Geist der Sonne, die große geistige Aura – Ahura-Mazda, wie er sie nannte – ist dabei, der Erde immer näher zu kommen mit dem Ziel, sie zu seinem neuen Wohnplatz zu machen. Er sah den Sonnengeist seine Sonnenheimat verlassen und sich zunehmend mit den Elementen und Kräften der Erde verbinden. Die Erde als Schauplatz der Entwicklung aller Menschen sollte auch seine Heimat werden. Zarathustra sah es als Aufgabe der Religion an, dem Geist des Sonnensystems Verehrung entgegenzubringen, ihn in seiner Annäherung an die Erde innerlich zu begleiten. So kann man auch verstehen, warum er als Erster die Aufgabe, die der Mensch nur durch sein Leben auf der Erde erfüllen kann, bejahen konnte.

Die genannten zwei Formen der Religion, die altindische und die altpersische, stellen die zwei Hauptformen aller Religionen vor der Zeitenwende dar:

- In der ersten kann der Mensch noch nicht das Leben und Leiden auf der Erde in seinem menschenfördernden Sinn bejahen;

- in der zweiten wendet sich der Mensch gerade jener Entwicklung zu, die er nur durch sein Leben auf der Erde durchmachen kann.

Ein wichtiger Zug in allen östlichen Religionen ist die Scheu vor der Welt der Materie, das Bestreben, sich von ihr zu befreien. Dies gilt auch noch wenige Jahrhunderte vor der Zeitenwende für Buddha. Auch für ihn hat die innere Entwicklung der Menschen den Sinn, allen Durst nach irdischem Dasein so zügig wie möglich zum Erlöschen zu bringen.

Für Zarathustra ist der Sonnengeist auf dem umgekehrten Weg: Er verlässt die Welt des rein Geistigen und kommt auf die Erde, um auf ihr zu *bleiben* – bis zum Ende ihrer Entwicklung. Er will den Menschen auf seinem Entwicklungsweg auf der Erde begleiten.

Die zwei Bäume des Paradieses

Diese zwei Arten religiöser Praxis werden im ersten Buch Mosis, in der Genesis, im Bild der zwei Bäume des Paradieses vorgeführt.

Bei der Austreibung aus dem Paradies wird ein Teil der Kräfte, die dem Menschen angehören, hinuntergeschickt in den Strom des so genannten «Sündenfalls», in die Entwicklung auf der Erde. Sie sind der *Baum der Erkenntnis*. Andere Kräfte des ursprünglichen Menschen werden hingegen in der geistigen Welt zurückbehalten, sie verbleiben im

Zustand der paradiesischen Unschuld. Sie sind der *Baum des Lebens*, der vom Schwert des Cherubs, des Geistes der Weltenharmonie, im Paradies gehütet wird.

Die zwei Paradiesbäume sind das Sinnbild für die beiden von allem Anfang an im Menschen widerstreitenden Kräfte – Geist und Materie, höheres und niederes Ich –, die dann im Laufe der nachatlantischen Entwicklung die beiden genannten Urformen der Religion hervorgebracht haben. «Zwei Seelen wohnen, ach! in meiner Brust», kann jeder Mensch von sich sagen.

Die Buddha-Strömung der Religion hat ihre Inspirationsquelle in ihrer tiefen Verbindung mit denjenigen Kräften der Seele, die ihre ursprüngliche Unschuld bewahrt haben, wie wir im Hinblick auf Krishna im vorigen Kapitel sehen konnten. Deshalb lebt die östliche Religion von der Sehnsucht, zum Baum des Lebens zurückzukehren, zum Anfangszustand, zur paradiesischen Unschuld. Initiation (Einweihung) heißt lateinisch: ein Zurückgehen zum Ursprungszustand (initium).

Auf der anderen Seite haben wir in Zarathustra eine Individualität, die, nachdem sie die alte persische Religion eingeleitet hatte, auch nach ihrem Tod mit den Kräften des Baumes der Erkenntnis verbunden bleibt. Diese Individualität spielt eine entscheidende Rolle in allen folgenden Formen der Religion, welche die Liebe zur Erde in den Vordergrund stellt.

Die Zeitenwende vollzieht sich durch die Wiedervereinigung dieser beiden gegensätzlichen Religionsströmungen der Menschheit. Die zwei Bäume des Paradieses sollen durch die fortschreitende Entwicklung des Menschen wieder zu einer Einheit gebracht werden.

Die Früchte des Baumes der Erkenntnis sind all diejenigen Erfahrungen, die der Mensch auf der Erde macht. Durch sie wird er immer selbständiger, immer individueller. Er lernt immer besser denken, er lernt zwischen Gut und Böse zu unterscheiden und zu wählen, im moralischen Sinne zu entscheiden und zu handeln, für seine eigenen Taten Verantwortung zu übernehmen.

Die andere Religionsströmung äußert sich in der Verehrung jener Kräfte der Menschennatur, die nichts mit dem Sündenfall zu tun haben. Bis heute sind Reste dieser Sehnsucht nach der ursprünglichen Unschuld, nach innerer Läuterung, in allen Menschen zu finden. Sie sind gemeint, wenn vom «höheren Ich» des Menschen die Rede ist.

Zarathustra, Hermes, Moses und Jesus von Nazareth

In der Geisteswissenschaft Rudolf Steiners werden vier Wesensglieder des Menschen voneinander unterschieden.

1. Zunächst gibt es den jedem bekannten *physischen Körper*, der aus mineralischer Materie besteht.

2. Dann gibt es einen «Körper» aus Lebenskräften, eine Art Vitalkörper, der *Ätherleib* oder auch Bildekräfteleib genannt wird. Damit ist die Gesamtheit der Kräfte gemeint, die den physischen Körper aufbauen, die für das Wachstum

sorgen. Der Ätherkörper ist auch der Träger des Gedächtnisses, der Erinnerung und der Gedanken.

3. Ein Drittes sind die Kräfte der Seele, die einen «Seelenleib», den *Astralleib* bilden. Er ist zumeist gemeint, wenn von «Seele» die Rede ist: Er ist die Welt aller innerlichen Erlebnisse, aller Leidenschaften, Triebe und Begierden. Die Seele hat – das sagt ja das Wort Leidenschaft – einen erleidenden Charakter. Ihre Sympathien und Antipathien kommen und gehen wie von selbst. Der Astralleib lebt immer in der Gegenwart, im Augenblick, er ist eine Antwort auf die Anregungen, die von der Umwelt kommen.

4. Das vierte Wesensglied des Menschen ist *das Ich*, der individuelle Geist. Das Ich ist seiner Natur nach schöpferisch: Sein Ich erlebt der Mensch, wenn er sowohl im Denken als auch im Handeln erfinderisch, phantasievoll ist.

Von diesem Menschenbild ausgehend kann man sich einige Ergebnisse der geisteswissenschaftlichen Forschung Rudolf Steiners anschauen, die für die Entwicklung der Religionen von großer Bedeutung sind. Ich werde in der Folge einige Inhalte einfach erzählen: Sie sind als Anregungen für das eigene Denken jedes Einzelnen gemeint.

Der *Astralleib* des Zarathustra war in seiner Vollkommenheit eine getreue Spiegelung aller Gesetze und Kräfte des Sonnensystems, mit dem Sonnengeist als Mittelpunkt. Dieser Astralleib löste sich nach dem Tod nicht auf, sondern blieb als zusammenhängende Einheit bestehen. Später verband er sich mit der Individualität des Hermes – Hermes-Trismegistos, Hermes der dreimal Größte –, des Begründers der ägyptischen Religion.

Das Geistige untersteht nicht dem Gesetz der Ausschließlichkeit, das für die materielle Welt gilt. Menschen, die in ihrer Entwicklung besonders fortgeschritten sind, können in Ausnahmefällen ihre vollkommenen Wesensglieder mit denen einer anderen Individualität, die eine gewisse Aufgabe für die Menschheit zu erfüllen hat, verbinden. Und das ist bei Zarathustra der Fall, einem umfassenden Geist, der dem ägyptischen Hermes seinen *Astralleib* geben konnte.

Als die jüdische Religion entstand, gab derselbe Zarathustra dem Moses seinen *Ätherleib*. Der Ätherleib ist wie ein Erinnerungskörper: Er bewahrt in Bildform alle Erfahrungen, die ein Mensch im Erdenleben gesammelt hat. Er ist wie eine lebendige Bildchronik. Weil Moses in sich den Ätherleib des Zarathustra trug, konnte er in mächtigen Bildern die Entwicklung von Mensch und Erde darstellen, wie er es im ersten Buch Mosis, der Genesis, getan hat.

Der Ätherleib ist eine Art *Zeit*körper, der Astralleib ein *Raum*körper, ein Brennpunkt von Seelenkräften, die überall im Raum verbreitet sind, ein Zusammenfluss von Strömungen, die den Menschen in Verbindung mit der ganzen Welt setzen. «Astralleib» bedeutet «Sternenleib», Stern heißt auf Lateinisch astrum. Hermes, der in sich den Astralleib des Zarathustra trug, konnte sich in die astrologisch-astronomischen Geheimnisse des Raumes vertiefen.

So sehen wir die Individualität des Zarathustra mit am Werk beim Entstehen der ägyptischen Religion durch Hermes und beim Entstehen der jüdischen Religion durch Moses. Später noch, im sechsten Jahrhundert vor der Zeitenwende, in derselben Zeit als Buddha in Indien lebte, verkörperte sich Zarathustra in Chaldäa, wo eine weitere Begegnung mit der hebräischen Kultur zur Zeit der Babylonischen Gefangenschaft stattfand. In jenem Leben hieß der wiedergekommene Zarathustra *Zaratas* oder *Nazaratos*. Von ihm ist auch in historischen Urkunden vielfach die Rede.

In der darauf folgenden Verkörperung wird dann Zarathustra als Jesus von Nazareth geboren, derjenige, von dem im Matthäus-Evangelium die Rede ist. Dieser Zarathustra-Jesus wird in seinem dreißigsten Lebensjahr dadurch zum Träger des Christus, dass sein Ich sich aus dem dreifachen Körper (dem physischen, ätherischen und Astralkörper) herauszieht und damit dem kosmischen Ich des Christus die Möglichkeit bietet, sich mit der dreifachen menschlichen Natur zu verbinden.

So gesehen ist Zarathustra eine führende Individualität der Menschheitsgeschichte, die über Jahrtausende hinweg alles ihr Mögliche getan hat, damit die Menschen das Leben auf der Erde wertschätzen. Dies hat letztendlich die *Verkörperung* der «großen Aura», des Sonnengeistes, ermöglicht. Die Herabkunft des Christus fasst in sich alle Kräfte *der Liebe zur Erde* zusammen, zu dem Ort, an dem der Mensch seine Entwicklung zu Freiheit und Liebe durchmacht.

«Liebe deinen Gott mit Kraft, Verstand, Seele und Geist»

Im Evangelium gibt es eine Aussage, die wegen ihrer Bildhaftigkeit Rätsel aufgibt. Sie heißt: «Und du wirst lieben den Herrn, deinen Gott, mit deinem ganzen *Herzen*, mit deiner ganzen *Seele*, mit deinem ganzen *Verstand* und mit deinen ganzen *Kräften*» (Markus 12,30).

Dieser Satz enthält vier Elemente. Zunächst wird gesagt: Du wirst *deinen* Gott lieben. Das kann nur heißen, *den Gott des Ich*. Warum sonst würde von «deinem» Gott gesprochen und nicht von «unserem» oder «eurem» Gott? Mit «deinem» Gott ist die Gottheit gemeint, insoweit sie jedem einzelnen Menschen zur Selbsterfahrung als schöpferischem Ich verhilft. Damit ist gemeint: Du sollst alle deine Kräfte der Entwicklung des Ich in dir widmen. Es ist das Ziel aller Entwicklung, dass jeder Mensch immer mehr zu einem Ich werde, dass er in sich auf individuelle und freiheitliche Weise die Weisheit und die Liebe «seines» Gottes, des Gottes, der das selbständige Ich in jedem Menschen liebt, in sich aufnimmt. Dieser Satz des Evangeliums ist ein Zitat aus dem Alten Testament, wo Gott «Jahve» oder «Ich bin» heißt, der Gott der Ichkräfte im Menschen.

Auf vier Weisen soll der Mensch seinen Gott lieben. Der Individualisierungsprozess des Menschen geht in vierfacher Weise vor sich, wenn wir ihn aus der Perspektive der gerade vorgestellten vier Wesensglieder des Menschen betrachten:

1. «Du sollst alle Kräfte deines *physischen Körpers,* all deine *Kräfte* der Verwandlung deines Wesens in ein verantwortungsvolles Ich widmen».

2. «Du sollst alle Kräfte deines *Ätherleibes* dazu verwenden, um zu einem selbstbewussten und liebenden Ich zu werden.» Der Ätherkörper ist der Körper der bildenden Kräfte, die, wenn sie körperfrei wirken, als Gedanken erlebt werden. Sie bringen die Erinnerung und den an die Sinneswelt gebundenen *Verstand* hervor. Darum heißt es zweitens: «mit all deinem Verstand, mit all deinem Sinn» – mit all deinem Denken.

3. «Du sollst alle Kräfte deiner *Seele,* deines *astralischen Körpers*, dem Gott des Ich in dir widmen.» In Bezug auf die Seele heißt der Satz schlicht und einfach: «mit all deiner Seele».

4. Die vierte Aufforderung bezieht sich auf *das Ich selbst*, wodurch sich der Mensch als Herr all seiner Seelenkräfte erlebt. Hier heißt es: «mit deinem ganzen *Herzen*»: Das Ich, der individuelle Geist des Menschen, wirkt unmittelbar auf das Element der Wärme, auf das *Blut*, das im Herzen seinen Mittelpunkt hat.

Das geistige, das bessere Ich, von dem hier die Rede ist, ist ganz anders als das Ich, das wir in unserem Alltagsbewusstsein erleben. Das niedere, egoistische Ich bezieht alles auf sich, es erlebt sich als Nabel der Welt, in der Abgrenzung von allen anderen Wesen. Das liebende Ich wird erlebt, wenn der Mensch all die Kräfte, die er vor der Zeitenwende für sich in Anspruch genommen hat, wiederum in die ganze Welt und zu allen Wesen zurückströmen lässt. Die religiöse Entwicklung des Menschen besteht in der Verwandlung aller egoistischen Kräfte des «seelischen» Ich in die Liebeskräfte des «geistigen» Ich.

«Liebe deinen Gott mit all deiner Kraft, mit all deinem Sinn, mit all deiner Seele und mit all deinem Geist» – in diesen monumentalen Worten wird die Entwicklung der Individualität Zarathustras als Begründer der Religionen, die vor der Zeitenwende den Wert der menschlichen Erfahrung auf der Erde ermessen konnten, zusammengefasst. Zarathustra ist diejenige Individualität der nachatlantischen Zeit, die in urbildhafter Art alles dasjenige in sich erlebt hat, was in diesem Satz des Evangeliums enthalten ist.

Jesus von Nazareth, der an der Zeitenwende diese Worte auf der Erde ausspricht, ist mit der Taufe im Jordan zum Träger des «Christus» geworden. Durch ihn ist die dreifache Hülle aus physischem, Äther- und Astralkörper zum Diener des Christus-Ich geworden. Aus dieser dreifachen Hülle des Menschen, die fortan vom Geist der Sonne bewohnt wird, ertönt für die ganze Menschheit das Wort der *vierfachen Liebe* zu den Kräften des Ich, die auf der Erde zu erlangen sind.

Mit diesen Worten beschreibt der Christus die Art und Weise, wie der Mensch – jeder Mensch – berufen ist, in seinem Geist die Menschwerdung des Logos, des Weltengeistes, zu ermöglichen. Jeder Mensch ist berufen, dem Beispiel des Zarathustra zu folgen, der sein höheres Ich für die Entwicklung des Ich in jedem Menschen hingegeben hat. Er war der Erste, der in der alten persischen Kultur dem Wesen des Ich, dem Geist der Sonne, tiefe Verehrung entgegenbrachte. Als Erster hat Zarathustra die Entwicklung als «Berufung» des Menschen verstanden, die Kraft des Ich zu pflegen, gerade dank der Kräfte, die nur auf der Erde zu erlangen sind.

Später hat Zarathustra den zweiten Teil des erwähnten Christussatzes verwirklicht: Liebe die Gottheit, die aus jedem Menschen ein selbständiges Ich macht, mit all deinen *Gedanken.* Nach seinem Tod schenkte er dem *Moses* seinen Ätherleib, einen Gedankenleib, der so weit entwickelt war, dass er auch nach dem Tod unversehrt bleiben konnte. Bei anderen Menschen löst sich der Ätherleib bald nach dem Tod im kosmischen Äther auf. Zarathustra widmete alle Denkkräfte seines Ätherleibes der Entwicklung des Ich in allen Menschen. Mit diesem zweiten Opfer ist durch ihn die Kultur und die Religion des Judentums entstanden.

Als dritten Schritt hat Zarathustra auch alle Kräfte seiner *Seele* der Entwicklung des Ich in jedem Menschen gewidmet. Seinen Astralleib gab er *Hermes*, dem Begründer der ägyptischen Religion, die, wie schon angedeutet, einen mehr mystischen Charakter trug.

Um auch seinen physischen Körper, all seine *Kräfte*, der Entwicklung des Ich im Menschen zu widmen, wird an der Zeitenwende dann der Zarathustra-Jesus in Bethlehem geboren, um in seinem dreißigsten Lebensjahr zum Träger des Sonnengeistes auf Erden zu werden.

So enthält die erwähnte Aussage des Evangeliums auf der einen Seite eine Zusammenfassung der Wege der Individualität des Zarathustra, auf der anderen Seite eine Zusammenfassung der Wege der verschiedenen Religionen, die zu jener Entwicklung des Ich beitragen, die dem Leben auf der Erde zu verdanken ist.

Liebe deinen Gott mit all deinen Kräften, mit all deinen Gedanken, mit deiner ganzen Seele, mit deinem ganzen Geist: Dieser Satz sagt nicht viermal mehr oder weniger dasselbe. Die heiligen Schriften sind genau, sie sind in der Fachsprache des Esoterismus geschrieben, einer Sprache, die wie jede andere Sprache erlernt werden kann.

Der unmittelbar danach folgende Satz lautet: *«Und liebe deinen Nächsten wie dich selbst.»* Die Liebe zur Gottheit des Ich, zur Gottheit, die in jedem Menschen die Erfahrung des Ich wachruft, ist zugleich die Liebe zum wahren Menschen in jedem Menschen. Die Entwicklung im Sinne des Zarathustra besteht darin, dass jeder Mensch immer mehr vom Göttlichen durchdrungen wird, dass jeder die Kräfte des Ich immer weiterentwickelt.

Buddha an der Zeitenwende

Im sechsten Jahrhundert vor der Zeitenwende fasste Buddha seine Lehre in den vier edlen Wahrheiten zusammen, die er nach seiner Erleuchtung verkündet hat:

1. Die *erste* große, edle Wahrheit besagt: Das Leben ist Leiden. Geburt ist Leiden, Krankheit ist Leiden, Altern ist Leiden, Sterben ist Leiden.

2. Die *zweite* große Wahrheit sagt: Ursache allen Leidens ist der Durst nach irdischem Dasein. Die Sehnsucht nach dem physischen Körper mit all seinen Erlebnissen er-

zeugt im Menschen eine regelrechte Sucht, in der Welt der Materie zu leben, in der Welt der großen Illusion, wo die Menschen sich als voneinander getrennt erleben, sich einsam und verlassen fühlen.

3. Die *dritte* edle Wahrheit des Buddha bezieht sich auf die notwendige Befreiung vom Leiden durch Auslöschung aller Begierde nach dem Leben im Körper. Die Erlösung des Menschen geschieht durch Herauslösung aus der Welt der Materie, durch Auslöschen des Durstes nach Dasein.

4. Und die *vierte* edle Wahrheit zeigt den Weg zur Erlösung: den achtgliedrigen Pfad. Die Läuterung vom Egoismus, von der Begierde nach Absonderung in der physischen Welt, wird auch allem Leiden ein Ende bereiten können. Der Mensch hat dann keine Begierde nach irdischer Verkörperung mehr. Der *achtgliedrige Pfad* besteht aus den schon erwähnten acht Grundübungen, die der Mensch stetig wiederholen muss, um sich vom «Durst nach Dasein» zu befreien.

Der Buddha ist damals mit der Gewissheit dieser vier grundlegenden Wahrheiten gestorben. Sie waren die Frucht der Erleuchtung, die er im neunundzwanzigsten Lebensjahr erlangt hatte. Für den heutigen Menschen stellt sich die Frage: Entwickelt sich der Buddha nach seinem Tod weiter?

Es ist eine im Osten allgemein bekannte Tatsache, dass nach dem Leben, in dem ein Bodhisattva zum Buddha geworden ist, er kein weiteres Mal in einem physischen Körper wirkt. Das bedeutet aber nicht, dass damit auch jede Beziehung zur Entwicklung der Menschen auf der Erde aufhört. Obwohl Buddha sich nicht mehr in einen physischen Körper inkarniert, hat er weiterhin die Möglichkeit, von der geistigen Welt aus auf die Menschen inspirierend einzuwirken. Auch ein geistiges Wesen kann durch seine übersinnlichen Hüllen, gewissermaßen durch seinen «Seelenkörper», auf die irdische Welt einwirken. Alles Seelische ist für den Geist wie ein «Werkzeug», ein Mittel, in der sichtbaren Welt tätig zu sein.

Eine der Seelenhüllen, der Seelenkräfte des zum Buddha gewordenen Bodhisattvas wird *Nirmanakaja*, «Leib der Verwandlung», genannt. Das Lukas-Evangelium schildert, wie bei der Geburt des Kindes den Hirten auf dem Feld eine Schar von Engeln erscheint, welche die Ankunft des Erlösers verkünden. Rudolf Steiner sieht in dieser Engelerscheinung eine Imagination, eine Vision, in der der Nirmanakaja Buddhas den Hirten sichtbar wird. Buddha erscheint den Hirten in seinem Leib der Verwandlung, der Buddha, der sich nach seinem Tod fünf- bis sechshundert Jahre lang in der geistigen Welt weiterentwickelt hat und jetzt bestrebt ist, mit seinen besten Kräften beim Christusereignis mitzuwirken.

Im Lukas-Evangelium ist vom alten *Simeon* die Rede, der tief bewegt das neugeborene Kind in die Arme nimmt und seine Dankbarkeit zum Ausdruck bringt, weil seine Augen noch vor dem Tod das Kommen des Erlösers erblicken dürfen. Dieser Simeon ist nach Rudolf Steiner die Wiederverkörperung von *Asita*, der zur Zeit des Buddha gelebt hatte und der damals als sehr alter Mensch tief traurig darüber war, sterben zu müssen, ohne das Heil der Welt erblickt zu haben. Dieselbe Individualität kann jetzt als Simeon getrost sterben, weil seine Augen das Heil der Welt gesehen haben.

Wenn man im Lukas-Evangelium weiterliest, findet man in der Predigt von Johannes dem Täufer eine entschieden buddhistische Spiritualität. Auf diese Weise zeigt sich indirekt auch im Evangelium, wie der nach seinem Tod von der geistigen Welt aus wirkende Buddha mit der Weiterentwicklung der Menschheit mitschreitet. Er lässt seine besten Kräfte in die Menschlichkeit des Jesus einfließen, um aus ihm den Träger des erwarteten Messias werden zu lassen.

Die Vereinigung der zwei Strömungen in Jesus von Nazareth

Wenn man das Matthäus- und das Lukas-Evangelium als historische Dokumente ernst nimmt, wird man zugeben müssen, dass sie in ihren Kindheitsgeschichten nicht von demselben Knaben sprechen können. Vergleicht man die Stammbäume in beiden Texten, ist zu sehen, dass Matthäus eine Blutslinie verfolgt, die auf Salomon, einen Sohn Davids, zurückführt. Bei Lukas geht die Blutslinie des Jesus auf Nathan zurück, einen anderen Sohn Davids. Auch die zwei Großväter tragen unterschiedliche Namen. Der Vater heißt in beiden Texten Josef – wie Jesus und Maria ein damals sehr gebräuchlicher Name. Matthäus spricht von einem Kind, Lukas von einem Neugeborenen – jeder benutzt ein völlig anderes griechisches Wort. Im Matthäus-

Evangelium findet die Geburt in einem Haus statt, bei Lukas in einer Grotte. Bei Matthäus kommen Weise aus dem Morgenland, dem Kind zu huldigen, bei Lukas beten Hirten das Kind an. Bei Matthäus flieht die Familie nach Ägypten, bei Lukas kehren sie von Bethlehem nach Nazareth zurück, woher sie anlässlich einer Volkszählung gekommen waren. In Matthäus leben sie von vornherein in Bethlehem. Die zwei Evangelien beziehen sich offensichtlich auf zwei verschiedene Kinder. Wie ist das gemeint?

Im Lukas-Evangelium ist ein wichtiger Hinweis zu finden: Das einzige Ereignis, von dem dort bis zum dreißigsten Jahr berichtet wird – von der Kindheit bis zur Jordantaufe –, ist ein Besuch des Passahfestes des zwölfjährigen Knaben mit seinen Eltern in Jerusalem. Beide Eltern erschraken, sie waren außer sich – so wörtlich der lukanische Text –, weil sie ihren Sohn, der im Tempel den Schriftgelehrten Rede und Antwort stand, nicht wieder erkannten. Jesus von Nazareth ist bei diesem Ereignis ein völlig anderer Mensch geworden: Das Ich des Zarathustra verlässt den Jesus des Matthäus-Evangeliums – ich fasse auch hier Ergebnisse der geistigen Forschung Rudolf Steiners zusammen – und verbindet sich mit dem lukanischen Jesus. Der Körper des Matthäus-Kindes erübrigt sich von jetzt ab und stirbt kurze Zeit danach.

Ab dem zwölften Lebensjahr haben wir in Jesus von Nazareth alle Kräfte der paradiesischen Unschuld des Menschen, die wir die «Buddha-Strömung» oder den «Baum des Lebens» genannt haben, vereinigt mit den Kräften der Zarathustra-Strömung, mit den Kräften des «Baumes der

Erkenntnis». Beide mussten sich zunächst in ihrer Gegensätzlichkeit zwölf Jahre lang voneinander gesondert entwickeln. Im zwölften Lebensjahr verlässt das Ich des Zarathustra seinen dreifachen Körper und verbindet sich mit den paradiesischen Kräften des Lukas-Knaben. Das Außergewöhnliche, das die Eltern nicht nur überrascht, sondern geradezu erschreckt, ist, dass ihr Kind auf einmal im Gespräch mit den Schriftgelehrten, im Beantworten ihrer Fragen, eine Intelligenz zeigt, die bis dahin auch nicht andeutungsweise erkennbar war. Das ist der Tatsache zu verdanken, dass das Ich des Zarathustra nun eins geworden ist mit dem Lukas-Jesusknaben.

So werden in Jesus von Nazareth die beiden großen Strömungen der nachatlantischen Religionen, die Buddha- und die Zarathustra-Strömung, geistig-real miteinander vereinigt.

Dieser Mensch – Jesus von Nazareth – ist im wahrsten Sinne des Wortes die Person gewordene Harmonisierung allen religiösen Strebens der Menschheit. In ihm und durch ihn wird die Sehnsucht der ganzen Menschheit nach Rückverbindung mit dem Geist erlebt, diese Sehnsucht nach Erlösung, die gerade durch das Leben auf der Erde entstanden ist.

Buddha und die Essäer

In seinen Vorträgen über das «fünfte Evangelium» schildert Rudolf Steiner das Leben des Jesus vom zwölften bis zum dreißigsten Jahr. Dies ist sonst nirgendwo in der modernen Menschheit zu finden. Ich will auch diesbezüglich einige wesentliche Inhalte zusammenfassen.

Die sechs Jahre vor seiner Taufe im Jordan verbringt Jesus von Nazareth in einer intensiven Beziehung zu den Essäern. Bei ihnen konnte er unmittelbar erleben, was aus der Lehre Buddhas bis zu seiner Zeit geworden war, denn die Essäer können in ihrem Lebensstil als echte buddhistische Mönche gesehen werden. Durch ihr asketisches, weltabgewandtes Leben, durch die strengen Regeln ihres Ordens waren die *Essäer* in Palästina wie auch die *Therapeuten* in Ägypten bestrebt, dasjenige in die Tat umzusetzen, was der Buddha sechs Jahrhunderte zuvor gelehrt hatte.

Als Folge dieses sechsjährigen Umgangs mit den Essäern und der tief schürfenden Gespräche mit ihnen hatte Jesus von Nazareth eines Tages eine Vision, in der ihm Buddha selbst in Geistgestalt erschien und im Vertrauen zu ihm sagte, er hätte nach seinem Tod einen folgenschweren Fehler in seiner Lehre entdeckt. Er hatte es als erstrebenswert dargestellt, dass alle Menschen zu buddhistischen Mönchen werden. Wenn das aber geschehen wäre, wenn zum Beispiel alle Menschen geschlechtliche Enthaltsamkeit geübt hätten, wäre das Menschengeschlecht binnen kurzer Zeit ausgestorben. Erst nach seinem Tod ist ihm bewusst geworden, dass seine Lehre nicht von allen Menschen in die Tat umgesetzt werden kann – und auch nicht umgesetzt werden darf. Sie ist für wenige Auserwählte geeignet, die nur auf Kosten der anderen vollkommen werden können. Der Sinn des Lebens auf der Erde muss also ein anderer sein, als er sich ihn während seines Lebens vorgestellt hatte. Das Heil wird nicht dadurch gefunden, dass man sich so schnell wie möglich von der Erde löst, sondern gerade umgekehrt: Nur das Leben im Körper bringt den Menschen weiter in seiner inneren Entwicklung, weil kein Mensch ohne die anderen erlöst werden kann. Alle Menschen gehören zusammen wie die Glieder eines Organismus. Kein Mensch kann geheilt oder glücklich werden ohne das Glück aller.

Durch dieses geistige Gespräch mit Buddha lernt Jesus von Nazareth etwas nicht nur für ihn selbst, sondern auch für die Zukunft aller Religion Entscheidendes. Ihm wird bewusst: Die Essäer mögen in ihrem Streben die besten Absichten haben. Um aber ungehindert ihr asketisches Leben zu fristen, sondern sie sich von den übrigen Menschen ab, die sich als Folge umso tiefer mit der Welt der Materie verbinden müssen. Es fehlt diesen Essäern das Bewusstsein, dass alle Menschen eine untrennbare Einheit bilden. Der einzelne Mensch kann nicht gerettet, nicht erlöst werden, ohne dass alle anderen miterlöst werden. Zur Zeit Buddhas war das menschliche Bewusstsein noch nicht so weit entwickelt, um die ganze Menschheit als Einheit umfassen zu können, um die einzelnen Menschen wie lebendige Glieder in dem einen Menschheitsorganismus zu sehen. Hier zeigt sich, dass auch der Buddhismus, weil er vor der großen Bewusstseinswende entstanden ist, einen vorbereitenden Charakter trägt. Die Wende aller Entwicklung vollzieht sich für jeden Menschen in dem Maße, in dem in seinem Bewusstsein und in seiner moralischen Verantwortung die ganze Menschheit als untrennbare Einheit lebt.

In seiner Begegnung mit dem in der geistigen Welt lebenden Buddha macht Jesus von Nazareth die erschütternde Erfahrung, dass auch die hohen Lehren und das zielstrebige Ringen der Essäer von egoistischer Illusion durchtränkt sein können. Diese Asketen, so musste er sich sagen, tun alles, um immer vollkommener zu werden. Sie leben in Entbehrung und in Hingabe an die geistige Welt und doch haben sie nur ihr persönliches Heil im Auge – das Heil für alle Menschen kennen sie nicht. Aber die Entwicklung des Menschen auf der Erde hat gerade das Ziel, alles Egoistische, alles Trennende zu überwinden. Alle Menschen sollen zur Einheit geführt werden. Das Individuum kann nur in einer sich immer weiter vertiefenden Liebe zu allen Menschen seine Vollkommenheit erlangen.

Das erwähnte Gespräch mit Buddha fand im dreißigsten Lebensjahr des Jesus statt, kurz vor der Taufe im Jordan. Für die innere Entwicklung von Jesus, in dessen Herzen das Verlangen der ganzen Menschheit nach Erlösung lebte, stellt diese Begegnung einen Wendepunkt dar. Vom lebendigen Buddha selbst erfuhr er, dass echte Menschlichkeit bedeutet, alle Menschen ohne Unterschied zu lieben, und dass kein Mensch zum Ziel gelangen kann, ohne alle anderen mit sich zu nehmen.

Diese menschheitliche Berufung jedes Individuums ist für Jesus von Nazareth die letzte Vorbereitung, die ihn geeignet macht, zum Träger des Geistes zu werden, der alle Menschen eint. Und der Geist der Menschheit, der Christus, bringt dem Menschen Jesus jenes Mitleid und jene Liebe für alle Menschen entgegen, wonach Buddha zeit seines

Lebens gestrebt hatte. In der Seele des Jesus verwandeln sich Mitleid und Liebe von einer Lehre in eine wirksame Kraft, die *alle* Menschen ohne Unterschied und ohne Ausnahme umfasst. Jesus bringt dem Christus die Sehnsucht aller Menschen entgegen, vom Egoismus, von jeder Vereinsamung und von jeder Trennung befreit zu werden.

Buddha und Franz von Assisi

Im christlichen Mittelalter gibt es unter den vielen schönen Legenden auch die von *Barlaam und Josaphat.* Sie erzählt, wie der Christ Barlaam den indischen Prinzen Josaphat vom Buddhismus zum Christentum «bekehrt». Der Name Josaphat ist eine Abwandlung von *Bodasat,* von *Bodhisattva.* Diese Legende wird auf Johannes von Damaskus (7. - 8. Jahrhundert) zurückgeführt und ist auch in der Schrift «Legenda Aurea», in der Goldenen Legende, enthalten. Sie will eine wichtige Tatsache schildern, etwas, was wirklich geschehen ist, nämlich, dass der Buddha nach seinem Tod sich in der geistigen Welt mit dem Geist des Christentums verbunden hat. Im Mittelalter gab es noch, zumindest in einigen Menschen, ein Bewusstsein von der Art und Weise, wie in der geistigen Welt eine volle Einheit aller Religionen herrscht.[1]

---

1 *Das Oxford-Lexikon der Weltreligionen* führt S. 117-8 aus: «Die Abhängigkeit der Geschichte von der Legende des Lebens des Buddha steht außer Zweifel. Möglicherweise zirkulierte die Kerngeschichte in Zentralasien und dem ʿabbāsidischen ʿIrāq,

bevor sie etwa im 10. Jh. christianisiert wurde. Die noch vor-
handene georgische Version der Geschichte scheint die früheste
zu sein, dann folgen jene in Griechisch und Latein. Der Name
Joasaph leitet sich wohl von Bodhisattva her (über das arabische
‹Bud Āsāf› durch Verwechslung von B und Y [in der arabischen Schrift nur durch einen Punkt unterschieden]). Barlaam
und Joasaph (oder Josaphat) wurden volkstümliche christliche
Heilige: Festtag ist der 27. November. Zu einer jüdischen Version
siehe IBN HASDAI.» Dieser letzte lebte im 13. Jahrhundert und hat
als Jude diese Geschichte ins Hebräische übersetzt. Sie wurde mit
dem Titel: «Ben ha-Melekh ve-ha-Nazir: Der Sohn des Königs
und der Nazarite» 1518 veröffentlicht, und sie erlebte zahlreiche
Auflagen.

Mehr braucht man nicht, um sich von der größten Beliebtheit
dieser Legende unter Buddhisten, Christen, Muslims und Juden
zu überzeugen. Umso befremdender mutet folgende Bemerkung
in *The Encyclopedia of Religion* (Bd. 2, S. 554) an: «Nothing
indicates the Europeans' lack of information more than the fact
that the story of the life of Śākyamuni found its way into Europe
and West Asia and became the basis for the biographies of the
two Christian saints, Barlaam and Josaphat, with no one chal-
lenging the identifications. These popular medieval saints were
not seen in their true light – as thinly disguised Buddhist figures
– until the work of Édouard Laboulaye (1859)». Zu Deutsch:
«Nichts zeigt die Unkenntnis der Europäer besser als die Tatsache,
dass Sakyamunis (Buddhas) Leben Europa und den Nahen Osten
erreichte – als die Lebensbeschreibung von zwei unangefochten
christlichen Heiligen: Barlaam und Josaphat. Man konnte nicht diese zwei beliebten mittelalterlichen Heiligen in ihrem wahren Licht
sehen – als kaum verkleidete buddhistische Persönlichkeiten – bis
zur Entdeckung von Édouard Laboulaye (1859).» Die Schöpfer der
Geschichte, in der die «Bekehrung» des Buddhas zum Christentum
erzählt wird, haben ohne Zweifel gewusst, dass es um den Buddha
geht. Die Naivität, die ihnen unterstellt wird, liegt in diesem Fall
wohl auf der Seite derer, die diese Unterstellung machen.

bedeutet: Er hat die Überzeugung gewonnen, dass die Menschwerdung des gemeinsamen Geistes aller Menschen keine neue Religion neben anderen stiften kann, sondern jedem Menschen hilft, die lebendige Einheit aller Religionen in seinem Herzen zu verwirklichen, selbst ihre lebendige Einheit zu werden. Die Religionsstifter, die großen Eingeweihten, haben vor der Zeitenwende die verschiedenen Religionen im Nacheinander entstehen lassen – bedingt durch die jeweilige Stufe der Entwicklung und die besondere Aufgabe jedes Volkes. Nach der Zeitenwende wirken sie alle zusammen von der geistigen Welt aus, um jedem Menschen zu helfen, die Vereinigung aller Religionen in seinem Geist und in seinem Leben zu vollbringen.

Nach der Wende entstanden zwei Arten von Christentum: das allgemein bekannte und das verborgene esoterische. Das erste hat die Kultur geprägt in einer Zeit, in der die Menschheit immer tiefer in den Materialismus hineinsegelte. Das esoterische, nur von wenigen gepflegte Christentum lebte in den «Katakomben» der Kultur und bereitete die Überwindung des Materialismus vor. Zu dieser tieferen Strömung gehören auch die Überlieferung des Heiligen Grals und das Rosenkreuzertum.

Im Zusammenhang mit der Fortentwicklung Buddhas nach seinem Tod spricht Rudolf Steiner von einer Aufgabe, die Buddha von Christian Rosenkreutz Anfang des siebzehnten Jahrhunderts anvertraut bekam: Da trafen sich Christian Rosenkreutz und Buddha in der geistigen Welt und Buddha wurde darum gebeten, in der geistigen Sphäre des Mars, des «Kriegsplaneten», den Menschen seinen Mitleidsdienst zukommen zu lassen, ihnen in den kriegerischen Zeiten des Materialismus, des egoistischen Kampfes ums Dasein, zu Hilfe zu kommen. Was bedeutet das?

Das siebzehnte Jahrhundert war eine Zeit, in der die Aggressivität des Egoismus, sein kriegerisches Element, anfing, im sozialen Leben bedrohlich zuzunehmen. Die Menschen wurden immer mehr von seelischen Kräften durchdrungen, welche die kalte Konkurrenz, den Krieg aller gegen alle, heraufbeschwören. Eine materialistische Wissenschaft breitete sich aus, und der andere Mensch wurde immer mehr als Gegner im allgemeinen Wettbewerb um die materiellen Güter, um Macht und Ansehen betrachtet. Von uneigennütziger gegenseitiger Hilfe und Opferbereitschaft war immer weniger zu spüren.

Um dem Abhilfe zu schaffen, bat Christian Rosenkreutz Buddha, den großen Meister des Mitleids und der Liebe, seine geistige Wirksamkeit auf die Marssphäre zu verlegen. Nach dem Tod kommen die Menschen auf ihrem Weg in der geistigen Welt immer wieder auch durch die Marssphäre. Und dort sollte ihnen der Buddha helfen, das Kriegerische, das Kämpferische in ihrem Gemüt zu mildern. Es war für ihn ein wahrhaftiges Opfer, ein kosmisches Opfer, sich in das Aggressive der Gewalt und des Egoismus hineinzubegeben, um es womöglich zu besänftigen. Dieses Opfer wurde von ihm in der Nachfolge des großen Liebesopfers des Christus vollbracht.

Seit jener Zeit hat jeder Mensch durch die Begegnung mit dem Buddha in der Marssphäre die Möglichkeit, das Bewusstsein und die Kräfte der Liebe zu erlangen. Wenn er empfänglich dafür ist, kann er so zu dem kriegerischen Instinkt in seiner Natur ein Gegengewicht schaffen. Der Buddha hilft allen Menschen, die sich mit seinem Geist durchdringen, jede Aggressivität zunehmend in Liebe zu verwandeln.

Auch die Entwicklung des *Franz von Assisi* ist eng mit der Buddha-Strömung verbunden. Rudolf Steiner weist auf eine Einweihungsschule am Kolchischen Meer hin, am Schwarzen Meer, wo in vorchristlichen Zeiten die Individualität lebte, die später Franz von Assisi wurde. Die kolchischen Mysterien waren durchdrungen vom Geist des Buddhismus. Die Schüler gingen nach einer langen Vorbereitung durch eine Einweihung in zwei Stufen hindurch:

1. Zur ersten Stufe hatten alle den Zugang. Sie hatte ihren Brennpunkt im Erlangen der Kräfte der Liebe und des Mitleids, nach dem Geist des achtgliedrigen Pfades Buddhas.

2. Die zweite, höhere Stufe führte zu einer Begegnung mit dem einheitlichen Geist des Sonnensystems. Dadurch wurde auch die gesamte Menschheit als Einheit erlebt. Das buddhistische Streben des Einzelnen nach persönlicher Vervollkommnung wurde im Zusammenhang mit dem Heil für alle Menschen, ja für alle Geschöpfe der Erde gesehen. Nur wenige konnten damals in ihrer inneren Entwicklung so weit kommen, dass sie diese Erfahrung machen konnten. Zu diesen gehörte der spätere Franz von Assisi.

Als Folge dieser alten Einweihung konnte er als Franz von Assisi Buddhismus und Christentum miteinander in Einklang bringen. Die grenzenlose Liebe, die Franz von

Assisi in der ganzen Welt so beliebt gemacht und so viele Nachahmer hervorgebracht hat, war eine Liebe, die allen Menschen ohne Unterschied und allen Geschöpfen der Erde galt. Diese Art von Liebe ist buddhistisch und christlich zugleich. Wenn man die Entwicklung in Betracht zieht, die Franz von Assisi in vergangenen Zeiten durchgemacht hat, kann man ihn besser verstehen.

An diesem Beispiel zeigt sich, dass man nicht sagen kann, die eine Religion sei wahr und die andere ein Irrtum. Es geht vielmehr darum, den menschenfördernden, dauerhaften Beitrag jeder Religion für die Entwicklung jedes Individuums zu erkennen und wirksam zu machen.

Das Ich – im Buddhismus, im Griechentum und im Judentum

Eine Frage, welche die Entwicklung der Religionen tief berührt, ist die schon erwähnte nach der Beziehung zwischen dem Ich und dem Ich-Bewusstsein. Für diese Frage ist es von Bedeutung, näher zu betrachten, welche Rolle die Entwicklung der Ich-Kräfte in den drei führenden kulturellen Strömungen der letzten Jahrhunderte vor der Zeitenwende gespielt hat. Diese waren zum einen das so genannte *Heidentum*, das sich besonders im griechischen Volk ausdrückt, zum anderen das *Judentum*, das alte Hebräertum, und zum Dritten der *Buddhismus*.

1. Nagasena zu Milinda:
«Das Ich ist eine Illusion»

Die ursprüngliche Lehre Buddhas enthält eine wichtige Aussage: Das Ich, das ein Mensch meint, wenn er von sich selbst redet, ist eine Illusion.

Um Missverständnissen vorzubeugen, muss man klar zwischen dem ursprünglichen Buddhismus und dem unterscheiden, was erst später auch in der buddhistischen Religion *hinzu*gekommen ist. Heute kennen viele Menschen vom Buddhismus nur diejenige Form, die er in der modernen Menschheit angenommen hat. Das erklärt, warum viele sich gegen die Behauptung wehren, für Buddha sei das Ich eine Illusion gewesen. Überall in der Welt – und so auch in den Bevölkerungen mit buddhistischer Religion – haben die Menschen in der Zeit nach Buddhas Tod immer deutlicher ihr Ich als wirksame Wesenheit erlebt. Aber im sechsten Jahrhundert vor der Zeitenwende spricht der Buddha vom Ich wie von einer Illusion.

Es gibt ein Gespräch zwischen dem König Milinda und dem Weisen Nagasena[2], in dem dieser dem König nachzuweisen versucht, dass das so genannte Ich keine Wirklich-

---

2   In der *Milindapaña*, Übers.: Nyanatiloka, *Die Fragen des Königs Milinda* (1985); siehe auch: *The Encyclopedia of Religion*, Hrsg. M. Eliade, Bd. 2, S. 436. In Milinda (griechisch Menandros, der im 2. Jahrhundert vor der Zeitenwende herrschte) lebt der Geist der Alexanderzüge, ein Geist, in dem sich das individuelle Ich deutlicher als im ursprünglichen Buddhismus ankündigt. Auch in der christlich-mittelalterlichen *Legende von Barlaam und Josaphat* ist eine der Hauptfragen die der individuellen Unsterblichkeit des Menschen, der Unsterblichkeit des Ich.

keit darstellt. Um dies zu erreichen, gebraucht er das Beispiel des Wagens und fragt den König: «Wie bist du hierher gekommen?» «Mit dem Wagen», antwortet der König. «Und sag mir», fragt der Weise Nagasena weiter, «was ist am Wagen wirklich? Die Räder sind wirklich, die Deichsel ist wirklich, der Kasten ist wirklich, alle Teile, die du aufzählen kannst, sind wirklich, sind real. Aber die Summe dieser Teile, für die du das Wort ‹Wagen› gebrauchst, fügt doch keine zusätzliche Wirklichkeit zu den Einzelteilen hinzu. Wenn du alle Teile hast, dann hast du alles vom Wagen, dir fehlt nichts. Wenn du also das Wort ‹Wagen› aussprichst, meinst du nicht eine zusätzliche Wirklichkeit, die über die Teile hinausgeht. Nur weil du aus verständlichen, zeitökonomischen Gründen nicht jedes Mal alle Teile aufzählen willst, hast du ein zusammenfassendes Wort erfunden: das Wort ‹Wagen›. Aber das ist nur ein Wort und keine Wirklichkeit.»

Der Weise Nagasena bedient sich dann auch anderer Beispiele, um dem König nachzuweisen, dass wenn man vom «Ich» redet, das Wort «Ich» nur eine Zusammenfassung von «Einzelteilen» im Menschen darstellt, ohne dass damit eine zusätzliche oder neue Wirklichkeit hinzugefügt wird.

Man kann sich fragen, ob es möglich ist, das Gegenteil «nachzuweisen», nämlich dass der Wagen oder das Ich des Menschen, eine jenseits der Teile bestehende Wirklichkeit, etwas darüber hinausgehendes Reales sei. Das wäre ein Ich, das nicht nur aus der Summe der Teile besteht, sondern eine eigenständige Wirklichkeit darstellt. Wir haben schon darauf hingewiesen, dass etwas nicht dadurch zur Wirklichkeit wird, dass man rein «theoretisch» seine «Existenz» beweist. Nur dasjenige kann für den Menschen als wirklich gelten, was er erlebt, was er real erfährt. Etwas, was er sich bloß «ausdenkt», muss nicht auch objektiv wirklich sein. Der theoretische Beweis, dass Bäume oder Berge existieren, überzeugt nur den, der Bäume oder Berge erlebt hat, der mit ihnen als mit einer objektiven Wirklichkeit zu tun gehabt hat.

Was will also Nagasena mit seinem «Beweis» des illusorischen Charakters des menschlichen Ich sagen? Was er in Wirklichkeit «beweist», ist die Tatsache, dass der im Buddhismus lebende Mensch damals das Ich zwar denken, aber noch nicht ganz als wirksame Wirklichkeit erleben konnte. Er konnte noch nicht die Selbsterfahrung machen, ein in sich abgeschlossenes, selbständig denkendes und wollendes Wesen zu sein.

Der Beweis, den der Weise Nagasena dem König Milinda liefert, ist also «richtig und wahr», und zwar in dem Sinne, dass er die Selbsterfahrung der meisten damaligen Menschen getreu wiedergibt. Die ursprüngliche Lehre Buddhas, im sechsten Jahrhundert vor der Zeitenwende, ist richtig: Sie ist wahrhaftig in dem Sinne, dass sie der innerlichen Selbsterfahrung des damaligen Menschen entspricht. Dem Menschen fehlte damals gerade das, was erst die spätere Entwicklung hervorbringen sollte: die Wirklichkeit des Ich. Dasselbe wiederholt sich im Kleinen bei jedem heranwachsenden Kind, auch bei ihm wird das selbständige Ich erst allmählich real wirksam und dadurch zu einer vollgültigen Wirklichkeit.

Zur Zeit Buddhas war die Kraft des Ich im einzelnen Menschen erst ganz keimhaft vorhanden. Vor der Zeitenwende hatte die Religion gerade die Aufgabe, alle notwendigen Bedingungen für die Ichwerdung des Menschen zu schaffen. Die Selbsterfahrung als real wirksames Einzel-Ich wird gerade dadurch ermöglicht, dass alle Religionen, die zunächst im Nacheinander entstanden sind, durch den Vollzug der inneren Wende nicht mehr im Nach- oder Nebeneinander erlebt werden, sondern in ihrer Einheit. Denn die Erfahrung des Ich ist gerade die Erfahrung der *Einheit in der Vielheit.*

So ist es auch mit dem Wagen: Die Einzelteile sind notwendige Bedingung für sein Entstehen, sind aber nicht der Wagen selbst. Wenn ich alle Teile nebeneinander auf dem Boden liegen habe, habe ich noch keinen Wagen. Die wirksame Wirklichkeit des Wagens entsteht erst, wenn die Teile in die richtige Beziehung zueinander gebracht werden, wenn die richtige Wechsel- und Zusammenwirkung unter ihnen entsteht. Das einheitliche Wirken der Teile ist im Ursprung ein *Gedanke,* der zu der Vielheit der Teile ihr mögliches Zusammenwirken intuitiv «dazuerfindet».

2. Achill zu Odysseus:
«Besser ein Bettler auf Erden …»

Wenn wir zum Hellenismus, zu den Griechen kommen und Persönlichkeiten wie Perikles, Phidias, Sokrates, Platon, Aristoteles oder Alexander betrachten, müssen wir uns sagen: Hier wird es schon viel deutlicher, wie der Mensch anfängt, sich als eine in sich abgeschlossene, selbständige Persönlichkeit zu erleben und als solche in der Welt zu handeln. Wir nehmen an diesen Menschen eine größere Eigenständigkeit im Denken und Handeln wahr als an den damaligen Buddhisten. Der Grieche erlebt sich nicht ausschließlich als Ausdruck oder Werkzeug seiner Götter, der Natur oder des Volkes. Das individuelle Ich wird immer mehr zu einer realen Selbsterfahrung, wird zu einer wirksamen Wirklichkeit. Immer deutlicher erlebt sich der Mensch als ein für sich stehendes, selbständiges Wesen.

Im Griechentum finden wir aber auch etwas anderes: Der Grieche konnte sich nur dank des Gebrauchs seines physischen Körpers als ein in sich abgeschlossenes Ich erleben. Nur im Körper drinnen fühlte er sich als selbständig denkende und handelnde Persönlichkeit. Der bekannte Satz, den Achill dem Odysseus im elften Gesang der *Odyssee* sagt, erlaubt einen tiefen Blick in das Wesen der griechischen Kultur. Odysseus ist in den Hades, in das Reich der Toten, hinuntergestiegen. Er versucht, den im Kampf verstorbenen Achill zu trösten, er beteuert ihm, sein Ruhm werde ewig in der Erinnerung der auf der Erde Lebenden verbleiben. Aber davon will Achill nichts wissen und antwortet mit den monumentalen Worten: «Besser ein Bettler auf der Erde» – das heißt im Besitz eines physischen Körpers – «als ein König im Reich der Schatten» – im Reich der körperlosen Seelen (vgl. Odyssee, 11,488-91).

Für den Griechen wird der Tod zu einer unermesslichen Tragik. In seinen Tragödien stellt er den Verlust des physischen Körpers als Verlust seiner Menschlichkeit schlechthin dar. Die Selbsterfahrung des Menschen als Ich, das Sicherleben als in sich abgeschlossene Persönlichkeit, als vollständiger Mensch, ist mit dem Verlust des Körpers nicht mehr gewährleistet. Nach dem Tod, im körperlosen Zustand, erlebte sich der damalige Mensch nur als Larve von einem Menschen, als bloßen Schatten. Es war wirklich so, es war nichts einfach so Dahingesagtes: Die Lebenden erfuhren in ihrem Umgang mit den Toten, dass diese mit einem verdunkelten Bewusstsein dahinsiechten. Für die Griechen der letzten Jahrhunderte vor Christus war das menschliche Bewusstsein so abhängig von der Wechselwirkung mit dem Körper und mit der Erdenwelt geworden, dass die Auflösung des Körpers das unversehrte Fortbestehen des Lebens der Seele nach dem Tod in Frage stellte.

Die griechische Kultur hat am meisten mit dem Mysterium des Todes gerungen, weil für den Griechen nichts kostbarer war als die sinnliche Verkörperung alles Geistigen, nichts wichtiger als der schöne Schein in aller Schöpfung. Dieses Volk hat den menschlichen Körper so zu schätzen gewusst, es hat das sichtbare Kleid der Gottheit so innig geliebt, dass es in seinen Kunstwerken auch all seinen Göttern die Form des menschlichen Körpers verlieh. Der gute Mensch war im alten Griechenland nicht etwa der «Doktor», der Gebildete, der bloß kluge Kopf, auch nicht der römische Rhetor, sondern der Gymnast – der körperlich gesunde und tüchtige Mensch, bei dem Kopf, Herz und Gliedmaßen in Harmonie miteinander wirken. Und der Tod nimmt jedem Menschen ausgerechnet sein Kostbarstes, seinen Körper! Für den Griechen war der Tod der

Verlust des Ich, die verzehrende Entbehrung der Icherfahrung. Das zeugt von einer zwar anfänglichen, aber doch realen Selbsterfahrung als selbständiges Ich – zumindest während des Lebens im Körper. Verglichen mit dem Buddhismus ist dies ein großer Schritt nach vorn. Der Grieche hätte niemals sagen können, das Ich sei eine bloße Illusion. Er wusste aus Erfahrung: Die in sich abgeschlossene Persönlichkeit ist das Kostbarste und das Schönste, was der Mensch erleben kann. Nur bestand die vernichtende innere Niederlage darin, dass der Tod die ganze Erfahrung des Ich infrage stellte.

Die Griechen wussten vom Tod, aber noch nicht von den Kräften, die jeden Tod in neues Leben verwandeln können. Die göttliche Führung der Menschheit konnte zur Zeit der griechischen Kultur nur dadurch auf den Menschen überzeugend wirken, dass ein göttliches Wesen *durch den menschlichen Tod* hindurchging und nach dem Tod nicht ein Schattendasein führte, sondern die ewige Auferstehung des Menschengeistes erlebbar machte.

3. Hiobs Frau zu ihrem Mann:
«Sage Jahve ab und stirb.»

Im Judentum finden wir in Bezug auf die Icherfahrung wiederum etwas Neues. Hier ist das Bewusstsein des Ich der Zugehörigkeit zum jüdischen Volk zu verdanken. Der Name der führenden Gottheit des althebräischen Volkes ist der Name des Ich: «Jahve» – יהוה – bedeutet «Ich bin». Ehjeh ascher ehjeh – eine andere Umschreibung des Wesens Jahves – bedeutet sinngemäß: Ich bin heute derselbe, der ich gestern war, und werde morgen derselbe sein, der ich heute bin. Ein Jahve-Mensch kann von sich sagen: Ich bin ein Wesen, das sich selbst gleich bleibt in allen Veränderungen im Laufe der Zeit. Die berühmte Formel des Aristoteles: «το τι ην ειναι» (to ti en einai) mutet wie eine wörtliche Wiedergabe der älteren, gerade angeführten hebräischen Formel für die Ich-Erfahrung an. Wörtlich übersetzt heißt sie: «Dasjenige (in der Gegenwart) sein, was man (in der Vergangenheit) war.» Die Erfahrung des Ich ist die innere Erfahrung, durch die Kraft der Erinnerung mit sich selbst identisch zu bleiben – durch alle Veränderungen der eigenen Seele und der Umgebung. Das Ich, der Geist, ist der Kern des Menschen, die Seele ist sein Umfeld, seine Peripherie.

In der Welt der Seele, der Triebe, Begierden und Leidenschaften, ist alles in Bewegung, alles verwandelt sich, nichts bleibt sich gleich. Sympathien und Antipathien kommen und gehen. Kein Ärger, keine Freude kann ewig unverändert bleiben – oder es wäre kein Ärger und keine Freude. Anders beim Ich, in dessen Natur es liegt, mit sich selbst identisch zu bleiben. Dank des Wirkens Jahves in jedem Mitglied des jüdischen Volkes hat der einzelne Jude die Möglichkeit, sich als eigenverantwortliche Einheit zu erleben.

Dieses sonnenhafte Mit-sich-identisch-Bleiben des Geistes in allem Wetterwendischen der Seele ist das Wesen der Icherfahrung. Im Judentum zeigt sie sich in urbildhafter Form, weil die Erfahrung, ein Ich zu sein, dort eine neue Art von Religion entstehen lässt, die Religion des *Monotheismus*. Monotheismus gibt es in dem Maße, in dem der Mensch anfängt, sich als geistige Einheit, als dauerhaftes «Monon» mitten in der Vielfalt der Seelenerlebnisse zu fühlen. Das Ich ist die Erfahrung des Geistes als sich gleich bleibende Einheit.

Bevor der Mensch sich als einheitliches, selbstbestimmendes Ich erleben konnte, lebte er in der Vielfalt der Seelenkräfte, die auf- und abfluten. In dem Moment, wo er sich als eine in sich abgeschlossene Einheit erlebt, sich «monotheistisch» fühlt, beginnt er, auch der Gottheit diese für ihn wichtigste Eigenschaft des Geistes, das Beste, was er bei sich erlebt, zuzuschreiben. Das Beste des Menschen in seinem höchsten Ausdruck – das ist das «Göttliche». Eine liebevolle Gottheit kann nicht anders, als den Menschen im eigenen Ebenbild zu schaffen – wie sich jeder Künstler zu seinem Kunstwerk verhält. Und so kann der Mensch auch nicht anders, als sich Gott in *seinem* Ebenbild vorzustellen.

Obwohl die Erfahrung des Ich im Judentum – dank der Wirksamkeit Jahves – mit größerer Deutlichkeit als im Griechentum hervortritt, ist sie auch hier noch nicht rein geistig. Wie wir im vierten Kapitel näher sehen werden, verdankt sie ihren Ursprung zwei Wirklichkeiten, die noch nicht rein individuell oder rein geistig sind: dem jüdischen Körper und der hebräischen Seele.

Die Selbsterfahrung des alten Hebräers, ein Ich zu sein, verdankt er wesentlich den Kräften seines Körpers, in dessen von Generation zu Generation rinnendem Blut die

Volksgottheit Jahve wirkt. Nur insoweit er Anteil an den im Blut wirkenden Jahve-Kräften hat, kann er in die Mysterien des Ich eingeführt werden. Das ist die physische Seite seiner Icherfahrung.

Die psychisch-seelische Seite kommt vom mosaischen Gesetz her. Der einzelne Jude wird von einem guten Pädagogen geführt, aber es bleibt zunächst eine Führung von außen. Die Kräfte des Ich wachsen durch die Befolgung der Zehn Gebote zu einer Zeit heran, in der der Einzelne noch in eine Gruppen- oder Volksseele, in ein gemeinsames Gesetz eingebettet ist.

Jedes Mitglied des hebräischen Volkes fühlt sich von den Kräften der physischen Vererbung und von der seelischen Erfahrung der Gesetzestreue getragen. Der Hebräer verdankt seine Icherfahrung Jahve – der Gottheit des Ich, die ihrem Volk einen Körper und eine Seele verleiht, um die keimende Icherfahrung zu unterstützen. Die Stunde des individuellen Menschengeistes hat noch nicht geschlagen.

Im Buch Hiob kündigt sich mit aller Gewalt und Tragik das Neue an: der Durchbruch zum Menschen-Ich, das im rein Geistigen lebt – das im Blut Abrahams und im Gesetz des Moses nur die äußere Hülle, nur Werkzeuge findet. Hiobs Frau hat einen Mann vor sich, der, obwohl er seinem Gott Jahve in der Befolgung des Gesetzes zutiefst treu bleibt, von einem Unheil ins andere stürzt. Diese Frau – ein Bild der Seele Hiobs selbst – rät ihm zu guter Letzt: «Sag deinem Gott Jahve ab, und du wirst sterben. Erkläre, dass du mit Jahve nichts mehr zu tun haben willst, dann versinkst du im Nichts, dann hört mit deinem Leben endlich auch dein Leiden auf. Du lebst ja nur dank deiner körperlichen und seelischen Verbindung mit Jahve! Wenn du dich von ihm trennst, befreist du dich auch von dem Leid, das er über dich verhängt. Nichts mehr von dir wird übrig bleiben, nur auf diese Weise kannst du deinem Leiden entrinnen.»

Die Entwicklung des Ich-Bewusstseins in diesen drei kulturellen und religiösen Strömungen der Menschheit steht stellvertretend für die Entwicklung der ganzen Menschheit. Im Buddhismus haben wir den früheren Menschen, der noch nicht die Erfahrung machen konnte, ein selbständiges Ich zu sein. Im Griechentum und im Judentum erlebt diese Selbsterfahrung ihre ersten Anfänge. Hier fängt der Mensch an, sich als Ich zu erleben, jedoch erst keimhaft, noch nicht rein geistig, noch nicht ganz individuell. Um dasjenige voll zu entfalten, was es in sich trägt, muss das Ich etwas *Ureigenes* hervorbringen, wofür alle körperlichen und seelischen Kräfte lediglich als Werkzeug dienen können.

Die anfängliche Erfahrung des Ich war also vor der Zeitenwende noch weitgehend ein Geschenk der Gottheit, eine Gabe der Natur. Sie war mehr eine Berufung als ein Beruf, mehr eine Anlage als ein Vollzug. Das Ich des Menschen war noch abhängig von der Leiblichkeit eines Volkes und von der Seele einer Gruppe. Das religiöse Streben der Menschheit hat aber die Aufgabe, jeden Menschen immer mehr zur vollen Selbsterfahrung als Ich zu führen. Alle Religion hat den Sinn, jedem Menschen zu helfen, als Ich immer schöpferischer in seinem Denken, immer freier in seinem Wollen, immer verantwortungsvoller in seinem Handeln zu werden.

IV.
DIE MISSION
DES JUDENTUMS

Vor der Zeitenwende hat es in der Entwicklung der Menschheit ein Volk mit einer besonderen Mission gegeben: das althebräische Volk. Seine Aufgabe für die Entwicklung der Menschheit ist in den heiligen Schriften niedergelegt, welche die Juden *Thora* und die Christen das Alte Testament nennen. Es ist ein Text, der eine entscheidende Rolle in der Entwicklung der Menschheit gespielt hat, auch in der Geschichte des Christentums bis zu unseren Tagen, weil die Bibel der Christen neben dem Neuen Testament auch das Alte Testament mit einschließt.

Das althebräische Volk hat ein zweifaches Neues in der Menschheit hervorgebracht: einerseits das *moralische,* andererseits das *historische* Bewusstsein.

Von moralischem Bewusstsein, von Gewissen zu sprechen, hat erst dann einen Sinn, wenn der Mensch zwischen Gut und Böse, zwischen Menschlichkeit und Unmenschlichkeit, zwischen Weiterkommen und Zurückbleiben nicht nur unterscheiden, sondern auch wählen kann. Das historische Bewusstsein fasst die Entwicklung der Menschheit als linearen Ablauf, als «Geschichte» auf – mit einem Anfang, einem Ziel und dazwischen immer neuen Schritten nach vorn, die eine Wiederholung des Gleichen, wie sie in den Rhythmen der Natur vorkommt, im Wesentlichen ausschließt. Die Entwicklung besteht aus einmaligen Chancen, die sich nie in ganz gleicher Weise wiederholen und deshalb ein vollständiges Nachholen nicht zulassen. Dies ist mit *linearer,* fortschreitender Entwicklung gemeint. In den Jahrhunderten vor der Zeitenwende steht das Judentum aufgrund dieser Art von Moral- und Geschichtsauffassung in starkem Gegensatz zu allem, was in der übrigen Menschheit zu jener Zeit lebte.

Kreislauf in der Natur – Fortschritt in der Menschheitsentwicklung

Die östlichen Völker, und eigentlich auch die Griechen, sahen im Weltgeschehen etwas, was in ewigen Kreisläufen nach gleich bleibenden Naturgesetzen verläuft. Ihre Auffassung der Entwicklung war *zyklisch*, sie sahen überall Rhythmen, die sich auf immer gleiche Weise wiederholen. Sie sahen im Naturgeschehen ein Spiegelbild der Ewigkeit des Geistes, der sich selbst gleich bleibt, ohne greifbar Neues hervorzubringen. In dieser Weltauffassung ist kein Raum für eine linear fortschreitende Evolution, wo immer Neues entsteht, immer wieder etwas, was vorher nicht da war und nie wieder auf gleiche Weise wiederkehrt – wie beim heranwachsenden Menschen der Zahnwechsel und die Geschlechtsreife keine Wiederholung von etwas sind, was schon einmal geschehen ist.

Der Osten sah das Urphänomen des Weltgeschehens in der Natur. Die alte Pflanze wächst, blüht, bringt eine Frucht hervor und bildet in sich den Keim für die neue Pflanze, die genau denselben Zyklus wiederholen wird, ohne dass etwas Neues dazukommt. Der Osten sah auch in den Phänomenen, die den Menschen betreffen, sich immer Gleiches wiederholen, ohne nennenswerten Fortschritt, ohne etwas wirklich Neues. Jeder Zyklus, der sein Ende erreicht, beginnt wieder von vorn und wiederholt sich auf gleiche Weise. So wurde auch die Wiederkehr des Menschenlebens, das Rad der Geburten, gesehen.

Das althebräische Volk ist das erste in der Menschheitsgeschichte, das dank des Wirkens Jahves fortschreitende und einmalige Stufen der Entwicklung unterscheidet, von denen keine eine reine Wiederholung der vorangegangenen ist. Jede Stufe lässt etwas Neues entstehen, was wiederum dem Menschen die Möglichkeit gibt, auch in der eigenen Entwicklung immer Neues zu erringen. Er fühlt sich berufen, auf bewusste und verantwortungsvolle Weise an dieser fortschreitenden Entwicklung von Mensch und Erde teilzunehmen. Im hebräischen Volk macht sich der Mensch zum ersten Mal bewusst, dass alles Wirken der Natur dem Menschen lediglich als Grundlage für die eigene Menschwerdung dienen soll. Zum ersten Mal werden Geschichte und Menschheitsentwicklung wie das Leben des einzelnen Menschen betrachtet, nur im Großen. Der Mensch wird geboren, wächst heran und bringt immer neue, vorher nicht da gewesene Eigenschaften und Fähigkeiten hervor. Was im Leben eines Menschen und in der Geschichte der Menschheit geschieht, wird den Zyklen der Natur *hinzugefügt*, es kann nicht auf Naturgesetze zurückgeführt, kann nicht von reinen Naturkräften hervorgebracht werden.

Damit ist aber auch, wie gesagt, die Möglichkeit gegeben, einmalige Gelegenheiten der Entwicklung zu versäumen. Das Bewusstsein einer moralischen Verantwortung in Bezug auf die eigene Entwicklung entsteht im alten jüdischen Volk vor allem durch das Gesetz, das Jahve dem Moses auf dem Berg Sinai offenbart hat. Dieses Gesetz ist die Beschreibung des Weges, auf dem jedes Individuum seine Vollendung erlangen kann. Die innere Selbständigkeit, die Eigenverantwortung wird zum Maßstab des Guten und des Bösen: Gut ist alles dasjenige, was den Menschen freier und verantwortungsvoller werden lässt, böse alles dasjenige, was seine Ichkraft schwächt. Schon der Name Jahve weist darauf hin. Er bedeutet, wie schon vielfach erwähnt: «Ich bin». Ich bin der Gott, der die Ichkräfte im Menschen zu immer weiterer Entwicklung bringt.

Es ist das Gesetz jeder menschlichen Entwicklung, dass in einer ersten Phase alle notwendigen Bedingungen der Freiheit zunächst *von außen* geschaffen werden müssen. In der zweiten Hälfte übernimmt der Mensch *aus seinem Inneren heraus* zunehmend moralische Verantwortung für sein Handeln. In der ersten Phase wird im Menschen durch die Führung von Eltern und Erziehern das Vermögen der Freiheit geschaffen, in der zweiten Hälfte der Entwicklung steht im Mittelpunkt das Ergreifen oder das Versäumen dessen, was der Mensch in Freiheit vollbringen kann.

Im ersten Buch Mosis wird das Werk der Schöpfung als eine fortschreitende Entwicklung in der Zeit dargestellt. An jedem der sieben «Tage» der Erschaffung der Welt entsteht etwas völlig Neues. Zuletzt wird der Mensch geschaffen. Man hat es mit einer fortschreitenden Entwicklung zu tun, deren letztes Ziel der Mensch selbst ist. Er ist im Ebenbild der Gottheit geschaffen, dazu berufen, immer «menschlicher» zu werden – was zugleich bedeutet: immer «göttlicher», weil die menschliche Natur ein Kunstwerk des göttlichen Schöpfers ist.

Nach der Erschaffung des Menschen ruht Gott

Das «Ruhen» Gottes am siebten Tag, nach der Erschaffung des Menschen – Sabbat heißt hebräisch Ruhe –, will gerade sagen, dass der Mensch in einem gewissen Sinne dazu bestimmt ist, die Tätigkeit Gottes *fortzuführen*. Sonst müsste man annehmen, dass die Gottheit deshalb ein Ausruhen benötigte, weil sie sich in den ersten sechs Tagen verausgabt hätte. Nachdem Gott den Menschen geschaffen hat, kann er sich zurücknehmen in Bezug auf die Dinge, die der Mensch selbst in die Hand nehmen kann. Wo der Mensch auf den Plan tritt, entscheidet die Gottheit nicht mehr allein über den Lauf der Entwicklung. Die ersten sechs Tage hat sie alleine gewirkt, aber nach der Erschaffung des Menschen ändert sich die Lage, jetzt «ruht» die Gottheit.

Der Mensch ist die Vollendung der Schöpfung, weil er sie selbst nach seinen Fähigkeiten und Möglichkeiten vollendet. Die Gottheit hat ihn im eigenen Ebenbild geschaffen: Er ist dazu berufen, ebenfalls schöpferisch zu wirken, zunehmend aus eigener Einsicht und mit freiem Willen zu handeln. Gott hat von allem Anfang an dem Menschen sein ganzes Vertrauen geschenkt, er ist freiwillig das Risiko der menschlichen Freiheit eingegangen.

Die jüdische Kabbala spricht vom *Sim-sum*, vom «Fasten» Gottes. Nach der Erschaffung des Menschen hat Gott am siebten Tag gefastet. Dieses schöne Bild weist auf eben dieses Geheimnis hin: Wo der Mensch auf den Plan tritt, kann die Gottheit «fasten», sie kann auf einen Teil ihrer Allmacht verzichten, um der Freiheit des Menschen Platz zu machen.

Ganz anders sieht die Welt aus, wenn man im Menschen nur eine ewige Wiederholung des Gleichen sieht, wie in der Natur. Wenn wir zum Beispiel die *Ilias* oder die *Odyssee* Homers anschauen, stellen wir fest, dass der Mensch noch nicht mit einer moralischen oder historischen Sicht der Dinge begabt ist. Selbst das Verhalten der Götter wird im Wesentlichen nach dem Muster der Naturereignisse dargestellt: Jeder Gott hat seine Eigenheiten, seine eigene Handlungsweise, so wie die Primel oder die Ameise auch ihre Eigenarten hat, die sich aber immer in gleicher Weise wiederholen, weil immer dieselben Naturkräfte am Werk sind. Selbst Zeus, der höchste der Götter, verhält sich in einer Weise, die wir heute bedenklich finden mögen: in seinen verschiedenen Ehen, sozusagen ohne moralische Sitten. Er verhält sich so wie das Wetter, das mal gut und mal schlecht ist. Alles ist Natur in der östlichen und in der altgriechischen Kultur: auch der Mensch und sogar die Götter.

Die moralischen Begriffe des Guten und des Bösen haben ihren ersten Ursprung im jüdisch-christlichen Bewusstsein. Dies setzt die Selbsterfahrung des Menschen voraus, ein selbständiges Ich zu sein, ein Ich, das sich seiner selbst und seiner Freiheit bewusst ist. Auch wenn diese Erfahrung im alten jüdischen Volk noch ganz anfänglich ist, trägt sie in sich doch die Veranlagung, immer weitere Entwicklungsstufen in Angriff zu nehmen.

Die neuartige Gehirnstruktur Abrahams

Der erste wichtige Schritt auf dem Weg zu einer Auffassung der Entwicklung als fortschreitende Geschichte liegt in der besonderen Mission Abrahams. Er schafft den ersten Übergang von einer zyklischen zu einer geschichtlichen und moralischen Auffassung des Weltgeschehens. Neu bei ihm ist vor allem eine besondere Struktur des *physischen Gehirns*: Von Jahve «bekommt» er ein Gehirn, das anders gestaltet ist als das seiner Ahnen, anders als die Kräfte der Vererbung allein ergeben hätten. In ihm treten neue physische und psychische Eigenschaften hervor, die auf alle seine Nachkommen vererbt werden können.

Bei Abraham wird das physische Gehirn bis in die feinsten Ausziselierungen so geformt, dass er, wenn auch erst anfänglich, doch als erster Mensch die Erfahrung eines Denkens macht, das logisch-diskursiv, methodisch fortschreitend abläuft, indem es anhand eines logischen Fadens verschiedene Einzelelemente miteinander verbindet und Zusammenhänge herstellt. Diese neue körperliche Konstitution dient als Grundlage für die Mission, zu der das hebräische Volk berufen ist.

Die Überlieferung macht auf diese bedeutsame Entwicklungstatsache auf verschiedene Weise aufmerksam –

etwa wo sie sagt, Abraham sei der Erfinder der Arithmetik gewesen. Damit ist auf die Tatsache hingewiesen, dass die Menschen vor Abraham nicht einmal zählen, noch nicht «arithmetisieren» konnten, dass sie nicht verschiedene Ereignisse oder Tatsachen logisch miteinander in Verbindung bringen konnten. Das logische Denken wurde eben zum ersten Mal durch das Gehirn Abrahams möglich.

Der Preis für dieses Denken bestand darin, dass der Mensch jenes alte traumähnliche Hellsehen, in dem er alles auf einmal sah, wie in einem panoramaartigen Rundblick, hinter sich lassen musste. Die alten Babylonier, die Chaldäer und auch noch die Ägypter hatten dieses alte «Hellsehen», das so wie das Auge des Kyklops in der *Odyssee* alle Dinge wie in einer gleichzeitigen Rundschau wahrnimmt. Κυκλωψ (Kyklops) bedeutet wörtlich «Rundschau» oder «Panorama». Heute besitzt das ganz kleine Kind noch diesen unfokussierten Blick, der die Einzeldinge noch nicht voneinander unterscheiden kann. Erst später bekommt es den gerichteten Blick, eine zielgerichtete Wahrnehmung, die es ihm ermöglicht, Einzeldinge, eins nach dem anderen – ebenfalls diskursiv –, Revue passieren zu lassen. Der frühere Mensch war, wie das kleine Kind, verbunden mit allen Wesen und Kräften der Welt. Für den heutigen Erwachsenen gibt es auf einer höheren Stufe das Erlebnis der Überschau: Wenn er einen Gedanken ausdrücken will, fügt er nicht mechanisch Buchstaben oder Worte zusammen, er fasst als Erstes den einheitlichen Gedanken ins Auge, den er erst danach in den vielen Worten ausdrückt.

Abraham ist also der erste Mensch, der die Dinge in ihrer Vereinzelung, eins neben dem anderen im Raum und eins nach dem anderen in der Zeit wahrnimmt. Diese Art der Wahrnehmung ist die Voraussetzung dafür, dass der Mensch die Verbindungen, die Beziehungen zwischen den Einzelwahrnehmungen kraft seines eigenen Denkens herstellen kann. Die Welt zersplittert sich für Abraham in Einzelwahrnehmungen und das Menschendenken soll ihre Einheit wieder herstellen.

Das Sanskritwort «Manas» bedeutet: die Fähigkeit zu denken. Dieselbe Wurzel kehrt im lateinischen Wort «mens» (Denkvermögen) wieder. Auch das deutsche Wort «Mensch» ist eine unmittelbare Ableitung davon: Die deutsche Sprache charakterisiert somit den Menschen als «denkendes Wesen». Im Althebräischen heißt dieselbe Verbalwurzel *manah* (מנה) – was «zählen» bedeutet –: durch die Kraft des diskursiven Denkens, anhand eines logischen Fadens, die Dinge, die man wahrnimmt, eins nach dem anderen in eine Reihenfolge zu stellen, die «folgerichtig» ist. Anhand eines logischen Fadens schlängelt sich der Mensch durch die Wahrnehmungen hindurch, um sie in die richtige Verbindung miteinander zu bringen. Abraham ist der Erste, in dem die «manasische» Kraft, die Fähigkeit, denkend zu «zählen», arithmetisch zu kalkulieren, zutage tritt. Zählen zu können, kalkulieren zu können, bedeutet auch in einem gewissen Sinne die Zukunft planen zu können, zu wissen, in welche Reihenfolge die Schritte und die Mittel gebracht werden müssen, um ein ins Auge gefasstes Ziel zu erreichen. Auf die Fortentwicklung als Gegensatz zu einem rhythmischen Wiederholen des Gleichen weist das Wort «Arithmetik» direkt hin: «a-rhythmisch» ist ja das Gegenteil von rhythmisch.

Der nächste Schritt nach dem Erlangen des arithmetischen Denkens ist, dass Abraham sich eben kraft dieses Denkens bewusst machen soll, welche neue Aufgabe Jahve ihm damit anvertraut. Er soll auf bewusste und freie Weise mitwirken bei dem, was Jahve mit ihm vorhat, was aber alle anderen ihn umgebenden Menschen noch nicht können. So ist das Erste, was Abraham bewusst wird, dass er sich in seiner Heimat nicht mehr zu Hause fühlen kann. Die Kultur, in der er geboren und aufgewachsen ist, erlebt er als fremd – etwas damals Unerhörtes, Erschütterndes: Ein Mensch, der zu seiner Vererbung, zu seinem Milieu nicht passt, der seine Heimat Ur in Chaldäa verlassen muss, weil er ihr so entfremdet ist. Abraham ist der erste große Heimatlose der Weltgeschichte.

Die chaldäische Kultur ist das Alte, das Bewährte, und weil durch Abraham etwas ganz Neues seinen Anfang nimmt, muss er sein Herkunftsland verlassen, er muss weiter nach Westen ziehen. Es gehört zum Schicksal des althebräischen Volkes, immer «unterwegs» zu sein. Auch Moses wird später der Knechtschaft in Ägypten ein Ende setzen und sein Volk zu etwas Neuem führen. Ähnliches wiederholt sich später in der Zeit der Babylonischen Gefangenschaft. Das Alte hinter sich lassen, sich auf das Neue zu bewegen, ist ein besonderer Zug der jüdischen Geschichte, die mit Abraham ihren Anfang nimmt. In dieser Beweglichkeit, in der fortwährenden Auseinandersetzung mit dem Fremden und mit dem Neuen, bereitet das hebräische Volk das in jeder Hinsicht umfassend Neue vor: das Kommen des erwarteten Messias, die entscheidende Wende aller Entwicklung.

Ein anderes, wodurch Abraham seine Mission bewusst gemacht wird, ist die Aufforderung, seinen Sohn Isaak zu opfern. Darin liegt für ihn ein quälendes Dilemma: Es ist der erste große Zweifel, den das keimende Menschendenken zu überwinden hat, um nicht der Verzweiflung zu verfallen. Der vollkommene Widerspruch, vor den Abraham sich gestellt fühlt, lässt sich in schlichten Worten ausdrücken: Wie kann Jahve von ihm verlangen, dass er ausgerechnet den Körper, den Isaak von ihm geerbt hat, vernichtet, wenn gerade dieser Körper der Träger des neuartigen Gehirns ist, des unentbehrlichen Werkzeugs für die Mission, die Abraham berufen ist zu erfüllen!

Im letzten Augenblick wird Isaak gerettet. Die Lektion, die Abraham zu lernen hat, ist eine ganz andere, als er sich vorgestellt hatte: Er soll sich bewusst machen, dass die physische Konstitution seines Sohnes sowie auch seine eigene nicht allein den Kräften der Vererbung, den Kräften der Natur, zu verdanken ist. Wenn die Vererbung allein nach Naturgesetzen erfolgt wäre, hätte er selbst nicht einen neuen, für das diskursive Denken geeigneten Körper geerbt, sondern einen Körper wie die anderen Chaldäer. Das Neue in seiner physischen Konstitution ist also nicht der Natur, sondern dem Wirken Jahves zu verdanken. Es ist etwas, was Jahve selbst wie eine Schöpfung aus dem Nichts in die Menschheit gebracht hat, eine *neue* Zusammenfügung von physischen Kräften, die in Abraham zu wirken beginnen und durch Vererbung weitergegeben werden können. Jetzt versteht Abraham, dass seine Mission, samt ihrem körperlichen Werkzeug, vom Genius Jahves kommt – *nicht* von der Vererbung, von den Genen, den Alleskönnern unserer Zeit, von denen die moderne Gentechnologie nur so schwärmt!

Und was soll Abraham als Ersatz für Isaak opfern? Einen Widder! Die Widderkräfte wurden seit eh und je mit den Denkkräften in Zusammenhang gebracht. Odysseus rettet sich aus der Höhle des Kyklops Polyphem, festgeklammert am Bauch des Widders. Alte Märchen wissen das: Der kluge Verstand siegt über brutale Macht, wie bei David und Goliath, wie bei allen Zwergen und Riesen. Jahve die Widderkräfte zu «opfern» heißt nicht, auf sie zu verzichten, sondern im Gegenteil deren Gebrauch bewusst dem Jahve *zu verdanken*, ihm dankbar dafür zu sein.

Moses und die Zehn Gebote

Mit *Moses* erlebt das Judentum eine weitere Stufe seiner Entwicklung, die nicht weniger wichtig als die Abrahams ist. Wie Abraham Chaldäa verlassen musste, so muss Moses das hebräische Volk aus Ägypten hinaus ins gelobte Land führen. In Abraham wird der *Körper* des Ich als Grundlage für das Selbstbewusstsein geboren; durch Moses empfängt die *Seele* des Ichmenschen ihre Erziehung durch Gesetzestreue.

Die Stufe, die durch Moses in der Entwicklung des hebräischen Volkes erlangt wird, hat nicht mehr unmittelbar mit dem Aufbau eines geeigneten Körpers zu tun, sondern mit der Bildung der richtigen Seele – mit den entsprechenden Gedanken, Gefühlen und Willensimpulsen. Seine Aufgabe ist es jetzt, im Menschen eine besondere innere Welt entstehen zu lassen, ein Gemüt, das den Sinn der Entwicklung aus eigener Einsicht, freiwillig verfolgen kann.

Die physische Grundlage, die durch Abraham geschaffen worden ist, findet ihren Niederschlag in dem Gebot, das Blut rein zu erhalten. Jahve ist eine Gottheit, die in den Kräften des Blutes wirkt, in der Vererbung, die von Generation zu Generation fließt: Er nennt sich «der Gott Abrahams, Isaaks und Jakobs».

Mit Moses wird die Betonung auf die innere Welt der Seele gelegt. Ab jetzt ist das Wichtige für die Ichwerdung des Menschen, dass er das Gesetz, das Moses auf dem Berg Sinai gegeben worden ist, getreu befolgt. Er kann nur gedeihen als Mensch, wenn er die Zehn Gebote und die anderen Vorschriften der Thora achtet. Das Blut ist die physische Grundlage des Judentums, das Gesetz die seelische: die Art und Weise, wie der hebräische Mensch innerlich lebt und sich selbst erlebt.

Was wollen die Zehn Gebote? Rudolf Steiner wirft ein neues Licht auf diese Säulen der westlichen Kultur, indem er sie als die zehn Wesenseigenschaften des Ich darstellt. Die Zehn Gebote sind die Verhaltensweisen, die jedem Menschen dazu verhelfen, immer deutlicher als ein selbständiges Ich zu leben. Im Befolgen der Zehn Gebote wird der Mensch zunehmend zurechnungsfähig, immer verantwortungsvoller in Bezug auf die eigene Entwicklung, aber auch im Hinblick auf die Entwicklung der ganzen Menschheit und der Erde.

Steiner gibt das erste der Zehn Gebote wie folgt wieder (2. Buch Mosis, 20, 2-6): *«Ich bin das ewig Göttliche, das du in dir empfindest. Ich habe dich aus dem Land Ägypten geführt, wo du nicht Mir in dir folgen konntest. Fortan sollst du andere Götter nicht über Mich stellen. Du sollst nicht als höhere Götter anerkennen, was dir eine Abbildung zeigt von etwas, das oben am Himmel scheint, das aus der Erde heraus oder zwischen Himmel und Erde wirkt. Du sollst nicht anbeten, was von alldem unter dem Göttlichen in dir ist. Denn Ich bin das Ewige in dir, das hineinwirkt in den Leib und daher auf die kommenden Geschlechter wirkt. Ich bin ein fortwirkendes Göttliches. Wenn du Mich nicht in dir erkennst, werde Ich als dein Göttliches verschwinden bei Kindern und Enkeln und Urenkeln, und deren Leib wird veröden. Wenn du Mich in dir erkennst, werde Ich bis ins tausendste Geschlecht als Du fortleben, und die Leiber deines Volkes werden gedeihen.»* (Vortrag vom 16.11.1908)

Diese Übersetzung macht deutlich, dass alle Gebote des mosaischen Gesetzes den Sinn haben, im Menschen die Erfahrung, ein Ich zu sein, zu erwecken und immer weiter zu fördern. Nur dadurch, dass der Mensch als Ich lebt, dass er dazu fähig wird, selber zu denken und frei zu handeln, wird er auch im moralischen Sinne Verantwortung für die eigenen Handlungen übernehmen können.

Auf dem Berg Sinai empfängt Moses – zunächst noch als göttliche Offenbarung, sozusagen von außen – die zehn Gesetze, die zehn Wege der Ichwerdung. Diese zehn Angebote zur Menschwerdung erfüllen ihren Sinn in dem Maße, in dem der Mensch die auf eigene Erfahrung begründete Überzeugung erlangt, dass sie ihn fördern, dass sie ihm wirklich gut tun. Er wird sie in der Folge immer weniger achten, weil er *soll*, und immer mehr, weil er *will*.

Das Ich ist reine Innerlichkeit, es ist eine rein innerliche Erfahrung der Seele, sich als Ich zu erleben. Deshalb darf sich der Hebräer kein äußerliches Bild von Jahve machen. Jedes sichtbare Bild, jede Veräußerlichung wäre ein Widerspruch zur ganz verinnerlichten Erfahrung, ein Ich zu sein. Im vollen Gegensatz dazu besteht die griechische Kunst aus lauter Verbildlichungen, aus unzähligen äußeren Bildern – auch von den Göttern. Das erklärt die Opposition der Juden, ihre Abgrenzung vom «Heidentum», von der die Geschichte des Alten Testaments voll ist.

Auch die Mission Mosis stellt nur eine der Stufen der Entwicklung dar – das hebräische Volk muss noch weitergehen. Was Moses noch von außen als Gesetz der Ichentwicklung empfangen hat, als göttliche Offenbarung von oben, muss von dem einzelnen Menschen, von jedem Juden verinnerlicht werden, so dass es zu seiner intimsten und persönlichsten Überzeugung wird. Wenn dieser Punkt erreicht ist, erübrigt sich auch die Vermittlerrolle des Moses. Das erklärt, warum es Moses nicht gestattet wird, sein Volk in das Heilige Land zu begleiten: in das Land, wo das Ich des Menschen keiner Vermittlung von außen mehr bedarf, keines Mittlers zwischen sich und Jahve. Das gelobte Land ist der Mensch, der das Ich als tiefste Innerlichkeit seines Wesen erlebt.

Der Monotheismus als Ichbewusstsein des Menschen

Die Offenbarung, die Moses auf dem Berg Sinai zuteil wurde, ist der Anfang des *monotheistischen Bewusstseins* in der geistigen Entwicklung der Menschheit. Dieses Bewusstsein enthält zwei voneinander untrennbare Elemente: einerseits die Selbsterfahrung des Menschen als ein in sich abgeschlossenes Ich, andrerseits die Auffassung der Gottheit als mit allen Eigenschaften des Ich begabtem Wesen.

Wenn der Mensch anfängt, sich als ein selbständiges Ich zu erleben, kann er nicht anders, als dieselbe geistig-ichhafte *Einheit* auch als die höchste und wesenhafteste Eigenschaft der Gottheit zu sehen, die den Menschen in ihrem Ebenbild geschaffen hat. Ludwig Feuerbach hat nicht ganz Unrecht, wenn er behauptet, dass der Mensch der Gottheit nur die Eigenschaften zuschreiben kann, die er bei sich selbst erlebt. Dasjenige, wovon er keine Erfahrung hat, existiert für ihn nicht. Im Grunde genommen hatte schon der griechische Sophist Protagoras etwas Ähnliches sagen wollen mit seiner Aussage, der Mensch sei das Maß aller Dinge.

Aber warum waren die Griechen Polytheisten und nicht Monotheisten? Sie waren es deshalb, weil sie, im Unterschied zu den Hebräern, mehr die Vielfältigkeit der Seelenkräfte erlebten und erst ganz anfänglich die Kräfte des Ich, des Geistes, der die Vielfalt erst zu einer Einheit harmonisiert.

Es ist ein wesentlicher Unterschied, es wurde wiederholt erwähnt, ob der Mensch sich als Seele oder als Geist erlebt. Die *Seele* bleibt sich niemals gleich, sie ist ein wogendes Meer von Trieben, Begierden, Leidenschaften und Sehnsüchten. Nichts in der Welt der Gefühle ist dauerhaft, sondern alles ist in Bewegung, nichts ist objektiv, sondern alles ist subjektiv, alles wird auf eine ganz persönliche Weise erlebt. Der *Geist* hingegen ist Streben nach Einheit. Der Geist bleibt sich in allen Veränderungen der Zeit gleich, er ist Dauerhaftigkeit. Der Mensch erlebt sich in dem Maße als ichbegabter Geist, in dem er die Vielfalt der Seelenimpulse zu einer Einheit formt. Das Ich ist der Herr – griechisch κυριος (kyrios), lateinisch *dominus* – der Seelenkräfte, der Kräfte der Psyche; Herr ist die wörtliche Übersetzung von Kyrios, der griechischen Bezeichnung für das Ich, für den Be-Herr-scher der Seelenkräfte.

Die griechischen Götter sind geistige Wesenheiten, welche die Aufgabe haben, sowohl im Menschen als auch in der Welt die Seelenkräfte zu lenken. Für das Volk Jahves, für das Volk des Ich, war es eine Frage von Leben und Tod, stets bemüht zu sein, nicht in den Polytheismus der Heiden zurückzufallen. Das war eine ständige Lebensgefahr für das Fortbestehen des Volkes des Monotheismus. Wenn der Mensch aufhört, sich als Ich zu erleben, kann man nicht mehr von Freiheit oder von moralischer Verantwortung sprechen.

Dem Hebräer wird gesagt: Du darfst dir kein äußerliches Bild von deinem Gott machen. «Von deinem Gott» ist ein Ausdruck, der vielleicht besser übersetzt werden könnte mit «vom Gott des Ich». Wo in der hebräischen Thora die Ausdrucksweise «dein Gott» oder «mein Gott, mein Gott...» gebraucht wird, bezieht sie sich auf «den Gott des Ich», auf Jahve. Sonst versteht man nicht, warum es nicht heißt «von unserem Gott», warum nicht von der Gottheit der ganzen Gemeinschaft gesprochen wird – immerhin spielt im Judentum das Volk eine entscheidende Rolle.

Das innerliche und das äußerliche Gesetz

Es liegt in der Natur des Menschen, dass er immer mehr selber zur treibenden Kraft seiner Entwicklung werden soll, dass er jede Kraft, die ihm zunächst von außen gegeben wird, immer weiter verinnerlicht, bis er sie sich ganz zu Eigen macht. Die Treue zu jedem Gesetz, das von außen vorgibt, was getan oder unterlassen werden soll, führt den Menschen von selbst allmählich dahin, keines äußerlichen Gesetzes mehr zu bedürfen. Er wird einsehen, dass das Gesetz dasjenige ist, was am besten seine Entwicklung fördert. So verwandelt sich auch die *Thora* in die *innere Freiheit* des Menschen, in den freien Willen des Ich. In der inneren Freiheit wird jedes Gesetz aufgehoben – hinaufgehoben, auf eine höhere Stufe gebracht und dadurch auch aufgehoben im Sinne von: in die Erfüllung gebracht.

Die Entwicklungsstufen des hebräischen Volkes sind im Wesentlichen drei, so wie der Mensch aus Körper, Seele und Geist besteht. Jahve ist der *Geist* des jüdischen Volkes, der Geist des Ich. In der Berufung Abrahams wird der Jahve-*Körper* als erste notwendige Grundlage dafür geschaffen, dass die Kräfte des Ich im Menschen immer mehr zur Geltung kommen. Durch *Moses* wird die Jahve-*Seele* gebildet: Diese entwickelt sich anhand der Gesetze der Ichwerdung, dank der zehn Angebote für die Entwicklung jedes Menschen. Das Gesetz wird so vom Menschen mehr und mehr verinnerlicht, es wird individualisiert und verliert dadurch seinen Volkscharakter.

Das Entwicklungsgesetz des Ich ist die zunehmende Individualisierung. Die moralische Phantasie des Einzelnen weiß in jeder Lebenslage eine individuelle Antwort hervorzuzaubern. Dies bringt den Menschen zur dritten Stufe seiner Entwicklung, die keine andere sein kann als die Stufe des Geistes. Den Jahve-*Geist*, den Geist des Ich, erlebt jeder Mensch auf einzigartige Weise. Zu der zweifachen Grundlage, der körperlichen und der seelischen, welche dieselbe für ein ganzes Volk ist, kann der einzelne Mensch den geistig-individuellen Inhalt seines Ich als eigene Schöpfung hinzuerschaffen. Die moralische Phantasie des Ich verleiht dem Körper und der Seele ihren Sinn und ihre Vollendung. Diese dritte Stufe kündigt sich in der Geschichte des jüdischen Volkes durch die Mission des Elias an.

Elias und das Rätsel Hiobs

Es gibt eine Gestalt im Alten Testament, die Licht auf das Rätsel wirft, warum es Moses nicht gegönnt wird, in das Gelobte Land einzutreten. Das ist *Elias*. Moses und Elias stehen für zwei große Meilensteine in der Geschichte des hebräischen Volkes, weshalb sie in den Evangelien, in der Verklärung auf dem Berg Tabor, auf beiden Seiten des Urbilds des Menschen erscheinen.

Elias muss seinerseits wieder in Zusammenhang mit einem anderen großen Rätsel, mit dem Geheimnis Hiobs, gesehen werden. Das Buch Hiob hat dem Judentum – und nicht nur diesem – viel Kopfzerbrechen bereitet. Nicht wenige haben dieses Buch als unecht, als einen Fremdkörper innerhalb der jüdischen Thora angesehen. Immer wieder wurde versucht, diese faustische Erzählung aus dem Alten Testament zu entfernen.

Das Rätsel Hiobs stellt das tiefste Gewissensproblem jedes Juden bis zum heutigen Tag dar. Da wird von einem Menschen erzählt, der mit all seinen Kräften dem Gesetz des Moses hingegeben ist, der dieses Gesetz bis ins Letzte beachtet. Und trotzdem, trotz seiner gewissenhaften Treue zu Jahve, wird er von einem Unheil nach dem anderen befallen, er gerät von einem Unglück ins nächste. Schließlich legen ihm alle ihn umgebenden Menschen, zuletzt sogar seine Frau, nahe, an der Redlichkeit, an der Ehrlichkeit Jahves zu zweifeln. Die Frau Hiobs ist, wie schon angedeutet, ein Bild der Seele des Hiob. Er steht als *Mensch der Seele*, als Seelenmensch, noch auf der Entwicklungsstufe des mosaischen Gesetzes, weil er dessen vorübergehenden Charakter noch nicht durchschauen kann. Hiobs Frau spricht mit der Stimme der mosaischen Seele, wenn sie ihm die erwähnten Worte sagt: «Wenn Jahve dir trotz deiner Gesetzestreue untreu wird, wenn er dich zurückstößt, so sage ihm doch ab, sage dich los von Jahve! Wenn du dich von ihm trennst, wirst du im Nichts versinken und dadurch auch aufhören zu leiden.»

Was hier zum Ausdruck kommt, ist die tiefste Überzeugung jedes «gerechten», jedes gesetzestreuen Juden, die Überzeugung: Der Mensch kann nur fortbestehen, insoweit er eingebettet ist im Blutsstrom von Jahves Volk, innerlich durchdrungen von seinem Gesetz. Der Jude konnte sich zur Zeit des Moses noch nicht als selbständiges Wesen, begabt mit einem wahrhaft individuellen Ich, erleben. Nur dank des Wirkens Jahves im Blut und im Gesetz empfand er sich am Leben – innerhalb des Volkes, von dem er sich als ein Glied sowohl in seinem Körper als auch in seiner Seele empfand. Wenn Hiob entschiede, sich von Jahve loszusagen, wenn er erklärte, Jahve nicht mehr anzugehören, so dachte seine Frau, seine Seele, werde er im Nichts versinken und nicht mehr leiden.

Die Jahvetreue, in der die Beachtung des Gesetzes im Mittelpunkt stand, brachte die Versuchung mit sich, in dieser Befolgung des Gesetzes die letzte Stufe der menschlichen Entwicklung zu sehen. Es ist die Versuchung, eine *Durchgangsstufe* als das endgültige Ziel zu betrachten. Diese entwicklungsnotwendige Versuchung zeigt sich symptomatisch in der Tatsache, dass in der Achtung des

Gesetzes die äußerlichen Maßnahmen im Laufe der Zeit immer mehr in den Vordergrund rücken und die innere Entwicklung des Menschen immer weiter in den Hintergrund gerät.

Rudolf Steiner nimmt in einem Vortrag vom 14. Dezember 1911 Bezug auf diese wichtige Frage: *«Die Jahve-Religion, der Aufblick zu einem übersinnlichen Gott, der durch nichts anderes charakterisiert werden kann, als dass man sagt: Er hat mit nichts anderem Ähnlichkeit als mit jenem unsichtbaren Übersinnlichen, dessen der Mensch gewahr wird, wenn er sein eigenes Ich ins Auge fasst. Jenes Übersinnliche war da, aber man hatte es so aufgefasst, dass man an den äußeren Erscheinungen des Menschenlebens sozusagen versuchte, sich zu verbildlichen, wie der Jahve-Gott wirkte. Man hatte sich daran gewöhnt, zu sagen: Jahve wirkt so, dass er die Menschen belohnt, den Menschen sich gütig erweist, wenn sich in der äußeren Natur Fruchtbarkeit, Üppigkeit zeigt, wenn sonst das Leben leicht dahinfließt. Man hatte sich aber auch gewöhnt, zu sagen, dass der Jahve-Gott im Zorn erglühe oder sich von den Menschen abwende, wenn Kriegsnöte, Hungersnöte oder dergleichen da waren.»*

Je wichtiger die Gesetzestreue im Sinne einer äußerlichen Lebensweise wurde, umso mehr wurde die Gunst Jahves im äußerlichen Erfolg gesehen – und weniger in der Festigung der Ichkraft, der Jahvekraft im Inneren des Menschen.

Das Leiden als Pfand der göttlichen Liebe

Das jüdische Volk hat im Laufe der Zeit die Wirksamkeit Jahves immer mehr im äußerlichen Weltgeschehen gesehen und immer weniger in den inneren Erfahrungen, wodurch der Mensch sich zunehmend als Ich erlebt, als selbständiger Geist lebt. Man sah das Wirken Jahves so sehr in den Naturereignissen, dass man letztendlich zu dem Schluss kam: Wenn das äußerliche Geschäft eines Menschen gedeiht, ist das das ein Zeichen dafür, dass Jahve ihm wohlgesonnen ist. Wenn es einem schlecht geht, wenn man leiden muss, dann ist das ein Zeichen dafür, dass man die Gunst Jahves nicht mehr genießt, dass Gott sich von einem abgewandt hat.

Beim genaueren Hinschauen ist gerade das Gegenteil der Fall: Die Kraft des Ich wird am meisten in den Zeiten gefördert, in denen die äußerlichen Ereignisse einem mehr Hindernisse entgegenbringen. In schwierigen Zeiten muss der Mensch stärkere Kräfte in sich wachrufen, mehr Ichkraft aufbringen. Wenn alles gut geht, hat der Mensch weniger Anlass, innerlich tätig zu werden. Um das Leichte zu erledigen, braucht man nicht die volle Kraft des Ich auf den Plan zu rufen.

In diesem Zusammenhang bekommt die Mission des Elias ihr eigentliches Gewicht. Entscheidend für seine Mission ist die Tatsache, dass er seine Wirksamkeit in einer Zeit der *Hungersnot* entfaltet. Während einer Hungersnot bringt das Leben jedem Menschen Leiden in Überfülle. Die Prüfungen, die der Mensch dabei bestehen muss, sind nicht leichter als diejenigen Hiobs.

In der Zeit einer Hungersnot bietet Elias eine ganz andere Lösung an, als Hiobs Frau zu raten wusste. Die Versuchung für Hiobs Seele war der Gedanke, dass das Leiden ein Zeichen dafür sei, dass man Jahve nicht mehr auf seiner Seite hätte. Elias überwindet diese Versuchung, indem er dem Leiden die *umgekehrte* Deutung und Bedeutung gibt: Wenn die äußerlichen Umstände besonders schwierig, wenn die Widerstände besonders stark sind, darf man sich von Jahve am meisten geliebt fühlen, weil man dann die beste Möglichkeit bekommt, die Kraft des Ich zu stärken und als Mensch voranzukommen.

Mit Bezugnahme auf die besondere Mission des Elias fügt Rudolf Steiner zu den angeführten Gedanken hinzu: *«Die Zeit, von der wir jetzt sprechen, ist auch eine solche Zeit der Not, namentlich eine Zeit der Hungersnot. Und gar manche hatten sich von Jahve aus dem Grunde abgewandt, weil sie an sein Wirken nicht mehr glauben konnten, da sie sahen, wie er die Menschen behandelte, da eben eine furchtbare Hungersnot herrschte. Wenn wir von einem Fortschritt des Jahve-Gedankens sprechen können, müssen wir diesen Fortschritt in der folgenden Art charakterisieren: Auftreten sollte nun ein Gottesgedanke, der zwar der alte Jahve-Gedanke war, aber von einem höheren Verständnis der Menschen durchdrungen, so durchdrungen, dass man sich sagte: Was auch in die äußere Welt eintreten, wie auch der Mensch beseligt dahinleben möge, wie ihn aber auch Not und Elend treffen mögen, diese äußeren Dinge sind in keiner Weise beweisend für die Güte oder den Zorn des Jahve, sondern der hat den richtigen Begriff, die rechte Hingabe an den Jahve-Gedanken, der auch in der größten Not und im größten Elend in dem Aufblick zu dem unsichtbaren Gott nicht wankend wird, der durch die Kräfte allein, die in seiner Seele walten, und durch keinerlei äußere Beobachtungen, äußere Bekräftigungen die Gewissheit empfängt: Er ist! – Dieser Umschwung sollte sich in der damaligen Zeit vollziehen.»*

Hier haben wir die praktische Lösung des Hiob-Rätsels – durch die Mission und das Wirken Elias'. Seine Botschaft ist: Jeder Mensch ist dazu berufen, die Kräfte seines Ich auf eine immer tiefere und individuellere Weise zu gestalten. Die äußerlichen Umstände, die Umwelt ist nicht nur dazu da, den Menschen sanft zu tragen, nicht nur, ihm das Leben bequem zu gestalten. Wenn nur das wäre, wenn das Leben ohne Leid dahinfließen würde, dann würde der Mensch innerlich immer mehr verflachen, immer schwächer werden. Alles, was dem Menschen äußerlich ist, alle Lebensereignisse sollten ihm die nötigen Herausforderungen, die für ihn richtigen Gelegenheiten bieten, um immer stärker in seiner Seele, immer selbständiger in seinem Geist zu werden.

Durch Elias tritt in der Menschheit ein neuer Gedanke auf: Jemand, der ein besonders leidvolles Schicksal erfährt, kann darin auch ein durchweg Positives, eine besondere Gnade erblicken. Er muss es nicht als Strafe für begangene Sünden betrachten. Auch braucht er sich nicht von Jahve verlassen zu fühlen. Er kann in seiner Lage eine ganz besonders gute Gelegenheit sehen, die Kraft seines Ich zu stärken. Ohne Leiden und ohne Selbstüberwindung kann es überhaupt keine Ichentwicklung geben.

So kündigt Elias' Botschaft eine weitere Individualisierung des Menschen an, gerade durch das individuelle Sichmessen mit den widerstrebenden Kräften, mit allen Hindernissen, die als günstige Gelegenheit gesehen werden, sich vom Schicksal nicht nur tragen zu lassen, sondern es zunehmend selber zu tragen und zu gestalten.

Wenn wir das alles in ein Bild umsetzen, haben wir den Elias vor uns, der auf den Messias hinweist – und das wird er sinngemäß an der Zeitenwende als Johannes der Täufer wirklich tun – und ausruft: «Siehe das Wesen des Ich, das mehr im Menschen hervorbringt, als was der Körper und die Seele ihm geben. Siehe den Geist des individuellen, freien Menschen, der kommt, um alles Leiden der Seele und des Körpers zu segnen, weil es dem Menschen die Kraft gibt, jedes Leiden in eine *Auferstehung des ichhaften Geistes* zu verwandeln.»

Individualismus als Universalismus – und umgekehrt

Mit der Wirksamkeit des Elias keimt im Bewusstsein der Menschheit die Überzeugung: Das Schöne und das Gute des Lebens liegen nicht in irgendeinem äußerlichen Erfolg, sondern in der inneren Entwicklung des Menschen als Geist. Der Entwicklungsweg des jüdischen Volkes ist der Entwicklungsweg jedes Menschen. Er besteht aus drei Hauptstufen:

1. Die erste ist die *Abraham*-Stufe, in der das körperliche Werkzeug geschaffen wird, um die Selbsterfahrung als Ich zu ermöglichen. Diese physische Konstitution soll im Laufe der Zeit allen Menschen zur Verfügung gestellt werden.
2. Die zweite Stufe ist die des *Moses*, mit den Zehn Geboten, mit dem Gesetz als Erzieher der Seele zum Geist.
3. Schließlich gibt es das Wirken des *Elias,* das ganz der Erfahrung des individuellen Ich gewidmet ist, dem Entstehen des Ichbewusstseins als Geist, der starken Ichkraft im einzelnen Menschen.

So kann Elias als Johannes der Täufer zurückkehren, als derjenige, der auf das Wesen des Ich selbst hinweist «Sie he das Lamm Gottes, siehe die Logoskräfte im Zeichen des Widders» – und der die menschheitliche Mission des hebräischen Volkes zur Erfüllung bringt. In Elias und in Johannes dem Täufer lebt dieselbe Individualität. Von ihm sagt der Christus (Matthäus 11, 14-15): «Er – Johannes der Täufer – ist derjenige Elias, der zurückkehren soll. Wer Ohren hat zu hören, der höre.» Und wiederum, als die Jünger vom Berg der Verklärung herunterkommen, nachdem sie in einer geistigen Vision den Christus zusammen mit Moses und Elias gesehen haben, da fragen sie den Christus: «Steht nicht in den Schriften geschrieben, dass Elias zurückkehren soll, um auf den Messias hinzuweisen?» Und der Christus antwortet: «Elias ist schon wiedergekommen, aber die Menschen haben ihn nicht wieder erkannt, sondern sie haben ihn getötet.» Und der Evangelist fügt wörtlich hinzu: «Da verstanden die Jünger, dass er von Johannes dem Täufer sprach.» (Matthäus 17, 9 –13)

Durch Elias werden alle physischen Kräfte, die im Blut eines Volkes pulsieren, alle Seelenerfahrungen, die im Befolgen der Gesetze und der Gebräuche einer Gruppe gemacht werden, zum zweifachen Werkzeug für die Erziehung des Einzelnen zu Freiheit und Liebe. In dieser Hinwendung von Körper und Seele zum individuellen, selbständigen Geist liegt die Universalität, die Allgemeingültigkeit der Mission des jüdischen Volkes.

Solange im Menschen Blut und Gesetz die führende Rolle innehaben, ist er noch wie ein Kind, alles ist bei ihm noch Vorbereitung. Das Endgültige, das Allgemeinmenschliche, beginnt erst, wenn Blut und Gesetz aufhören, den Menschen zu beherrschen und anfangen, ihm zu dienen. Außen- und Innenwelt dienen nur dann dem ganz Individuellen, wenn sie dem Allgemeinmenschlichen, dem Menschen in jedem Menschen, dienen. Ein einzigartiges Ich zu sein ist dasjenige, was alle Menschen unabhängig von Volk und Sprache gleichermaßen anstreben. Alles Gruppenhafte – das Volk, das Gesetz, die Religion – ist *weder* ganz universell *noch* ganz individuell.

Durch die Wirksamkeit des Elias mündet der Entwicklungsweg des hebräischen Volkes in das *völkerübergreifende* Allgemeinmenschliche – dank der Tatsache, dass die Entwicklung des Einzelnen immer mehr in den Vordergrund gerückt wird. Eine Hungersnot ist als Naturereignis für alle Menschen gleich, aber der Umgang mit ihr kann ganz individuell erfolgen, er kann bei jedem anders aussehen.

Der *Seelenmensch* erleidet nur das Weltgeschehen, er leidet nur unter einer Naturkatastrophe. Der *Geistesmensch*, der Eliasmensch, sieht im Leiden eine Gelegenheit zur Stärkung seiner Ichkräfte, er nimmt das Leiden dankbar an, weil er aus Erfahrung weiß, wie viel er ihm verdankt.

Die Prophezeiung, in der alle Aussagen über die Zukunft zusammengefasst werden, ist die der Ankunft des Messias. Die Vollendung seines Wesens findet der Mensch nur als Individuum, im freien Umgang mit dem Licht des Denkens und mit der Wärme der Liebe. Dies gilt für jeden Menschen auf der Erde und für alle Menschen in gleichem Maße. Wenn auch am Anfang Jahve als Gott eines Volkes aufgefasst wird, liegt es in der Natur seines Wirkens als Gott des Ich, dass er jeden Menschen dazu führt, die Zugehörigkeit zu einem Volk oder zu einer Gruppe zur Grundlage der Entfaltung seines Individuellen und Einzigartigen zu machen, in der Liebe zu den Kräften des Ich, die alle Menschen zu Menschen machen.

Ist der Messias schon gekommen?

Bis zu Elias war das Wirken Jahves im Menschen den Kräften des Blutes und der Beachtung des Gesetzes zu verdanken. Woher kommt aber die ganz neue Kraft, die Kraft des Individuums, von der Elias nachweisen kann, dass sie stärker als Blut und Gesetz ist? Woher kommt die Kraft, die es dem «gerechten Menschen», dem jahvetreuen Menschen ermöglicht, für das Leiden dankbar zu sein? Die Antwort auf diese Frage liegt im Mysterium des erwarteten Messias verborgen.

Die ewige Frage in der Beziehung zwischen Judentum und Christentum lautet: Leben wir immer noch in der Zeit der Erwartung des Messias, oder ist er schon gekommen?

Das herkömmliche Christentum antwortet: Der Messias, der Christus – das griechische *Christos* (χριστος) ist die wörtliche Übersetzung vom hebräischen *Meschiach* (משיח), was «gesalbt» bedeutet –, ist vor zweitausend Jahren gekommen. Das traditionelle Judentum gibt die entgegengesetzte Antwort: Der Messias ist noch nicht gekommen, und wenn er kommt, wird es das Ende der Zeit sein.

Die Geisteswissenschaft Rudolf Steiners kann beide scheinbar einander ausschließenden Antworten als richtig ansehen – vorausgesetzt, jede wird von der jeweils anderen ergänzt. Das Christentum behauptet: Mit dem Ereignis von Golgotha ist der Messias in die Menschheit eingetreten. Aber das traditionelle Christentum, wie wir im sechsten Kapitel näher sehen werden, ist gerade auch in seinem Gegensatz zum Judentum einseitig. Es konnte nicht genügend beachten, dass das Kommen des Messias, des Christus, zwei Seiten hat, nicht nur eine: Die erste umfasst dasjenige, was der Christus selbst in der Menschheit ist und tut; die andere, nicht weniger wichtige Seite, liegt in der Art und Weise, wie jeder einzelne Mensch zu seinem Wesen und Wirken Stellung nimmt. Diese Stellungnahme ist Sache der individuellen Freiheit.

Die umfassende Ankunft des Christus im Bewusstsein und im Handeln des Individuums benötigt die ganze *zweite Hälfte* der Entwicklung. Jeder Mensch, selbst der fortgeschrittenste, ist heutzutage noch ganz am Anfang eines Weges, auf dem er sich die Kraft und den Geist des Messias-Christus zu Eigen macht. In diesem Sinne ist die Aussage des Judentums nicht weniger wahr: Der Messias muss noch kommen, sein Kommen in das Bewusstsein und in die Liebeskräfte des einzelnen Menschen liegt viel mehr in der Zukunft als in der Vergangenheit.

Im vergangenen Christentum wurde das Christus-Ereignis zu wenig als reale Perspektive der Entwicklung des einzelnen Menschen, als Angebot der Freiheit gesehen. Das «Christentum des Glaubens» hat im Grunde genommen weiterhin gehofft, von der Gnade des Christus das Heil zu empfangen, ohne viel Eigenes und Freiheitliches hinzufügen zu müssen.

Die Zukunft des Christentums liegt in der erst beginnenden und nie abgeschlossenen «Durchchristung» jeder Individualität. Das ist das *zukünftige* Kommen des Messias-Christus, die Entwicklungsaufgabe des Menschen, die nie zu Ende ist. So gesehen kann der Christ sich mit der Aussage des Judentums voll einverstanden erklären: Die Ankunft des Messias ist zugleich das Ende, die Vollendung aller Entwicklung in der Zeit.

Andererseits liegt die Einseitigkeit des orthodoxen Judentums in der Tatsache, dass es bislang nicht genügend die *Endgültigkeit* in den vollzogenen oder versäumten Entwicklungsschritten der Menschen in den letzten zweitausend Jahren gesehen hat. Die «Fülle der Zeiten» ist schon angebrochen: Die Tatsache kann beobachtet werden, dass jedem Menschen alle notwendigen Bedingungen für die Erfahrung der individuellen Freiheit endgültig und unwiderruflich zur Verfügung stehen. Der Mensch kann nicht mehr sagen: Er müsse noch warten. Der Messias-Christus hat mit seinem Kommen vor zweitausend Jahren die Entwicklung dadurch in die «endgültige» Phase gebracht, dass seit jener Zeit zur inneren Erfahrung, ein individuelles Ich zu sein, keine notwendigen Bedingungen mehr fehlen. Er hat mit seinem Leben gezeigt, dass alle Bedingungen da sind, um in der Freiheit des Geistes zu leben. Sein Leben und Sterben bezeugt, dass es möglich ist, alles Gruppenhafte – sowohl im leiblich-natürlichen als auch im seelisch-kulturellem Sinne – als notwendiges Werkzeug zu gebrauchen, um dasjenige hervorzubringen, was ganz individuell und frei in jedem Menschen ist.

Für das vergangene Christentum war die Gruppe noch in vielerlei Hinsicht mehr als bloß eine notwendige Bedingung zur Entfaltung des Einzelnen – man braucht nur an die entscheidende Rolle zu denken, welche die Kirche gespielt hat. In vieler Hinsicht hat man auch nach dem Kommen des Messias weiterhin nach dem Gesetz gelebt – man denke nur an das Kirchenrecht und die Inquisition. Die innere Freiheit, die Schöpferkräfte des einzelnen Menschen sind nicht selten als «unchristlich» betrachtet worden. In dieser Hinsicht kann man mit Fug und Recht sagen, dass der Messias-Christus noch im Kommen ist – und vielleicht auch erst ganz anfänglich im Kommen ist!

Der «wandernde Jude»
und der «ewige Christ»

Die mittelalterliche Legende von Ahasverus, vom ewig wandernden Juden, stellt in ergreifender Form die tiefere Beziehung zwischen Judentum und Christentum dar. Ahasverus ist der Jude, der ewig «Jude» bleibt, er ist der Mensch, der in jedem Menschen tief verborgen lebt, ganz gleich, ob er auf der Bühne dieser Welt sich Christ oder Jude, Moslem oder Buddhist nennt. Der ewige Jude ist *jeder* Mensch, insoweit er sich nach dem Kommen des Messias-Christus weiterhin mit einem besonderen Volk oder mit einer besonderen Religion identifiziert, ohne sich dem zu öffnen, was allgemein menschlich und zugleich ichhaft und individuell ist.

Im ewigen Juden stellt die christliche Legende des Mittelalters den Menschen dar, der im Besonderen eines gewissen Volkes aufgeht – im Gruppenhaften einer gewissen Kultur, in der Geborgenheit einer Religion – und dabei versäumt, in seinem Herzen und in seinem Geist die Wende der Entwicklung zu vollziehen, wodurch alles Gruppenhafte vom Ziel zum Mittel gemacht wird. Die Fülle des Menschlichen kann nur das einzelne Individuum frei erringen, weil die Vollendung des Menschen in der individuellen Schöpferkraft seines Geistes liegt, in seiner freien Liebe zu allen Menschen.

Der wahrhaft *christliche* Geist der Legende des ewigen Juden liegt in der Aussage, dass derjenige Mensch nicht erlöst werden kann, der denkt, schon erlöst zu sein, der meint, dank seines Körpers oder seiner Seele der Schar der

Auserwählten von vornherein anzugehören. So verstanden ist der ewige Jude auch jeder Christ, der meint, schon ein guter Mensch zu sein durch das, was er durch Geburt und Vererbung, durch seine Religion oder Kirche empfangen hat. Er muss noch lernen: Mensch ist man nicht, Mensch wird man! Wer sich von Geburt an als Christ oder Mensch betrachtet, kann es nicht durch innere Entwicklung in Freiheit werden. Wir alle sind Menschen dem Vermögen nach und keiner hat dieses Vermögen voll ausgebildet!

Ahasverus, so die tief christliche Legende, ist der Mensch, der eine unwiderstehliche Anziehungskraft dem Christus-Messias gegenüber verspürt, der ihm die Hand entgegenstreckt. Er möchte so gern diese Hand ergreifen und drücken! Gleich meldet sich aber in ihm der Stachel des Widerstands, und er weist das Ideal des Menschen zurück. In diesem wunderbaren Bild wird der ewige Kampf dargestellt, der in jedem Menschen zwischen dem höheren und dem niederen Ich stattfindet, zwischen der Wärme der Liebe und der Kälte des Egoismus.

Das gewöhnliche Bewusstsein, das Alltagsbewusstsein, sucht das Bequeme: Dem niederen Ich ist es angenehm, in den Kräften des Körpers und in der allgemeinen Kultur aufzugehen. Aber in der Anziehungskraft, die Ahasverus zu der Hand des Messias-Christus erlebt, nach der Hand, die ihm liebevoll entgegengestreckt wird, lebt die eingeborene Sehnsucht des höheren Ich jedes Menschen nach einem Streben, das im Streben selbst die Vollendung des Menschen erlebt.

V.

DIE ZEITENWENDE

Im Laufe der letzten Jahrhunderte ist der westlichen Kultur die Wirklichkeit des Geistes immer mehr abhanden gekommen. Seit dem 15. Jahrhundert haben Naturwissenschaft und Technik die Erforschung und Beherrschung der materiellen Welt in den Vordergrund des Lebens gerückt. Was Theologen und Geistliche über den Geist zu sagen hatten, wurde immer abstrakter und lebensfremder. Damit wurde auch endgültig die geistig-kosmische Dimension des Christusereignisses und der Christus selbst als göttliches Wesen aus dem Auge verloren. Dem real gewordenen Christentum blieb ein Gott übrig, der «jenseits» all dessen ist, was der Mensch verstehen oder werden kann. Und Jesus von Nazareth wurde zunehmend «menschlich» aufgefasst, als der beste Mensch zwar, aber eben als Mensch. Die Bewusstseinsvoraussetzungen für das Erfassen des Christus als kosmisches und zugleich menschliches Wesen gingen verloren. Was sich wirklich im Himmel und auf der Erde vor zweitausend Jahren ereignet hat, verstand das traditionelle Christentum immer weniger.

Der kosmische und der irdische Mensch

Um die Tiefe dessen erneut zu erfassen, was an der Zeitenwende geschehen ist, hat der Mensch in unserer Zeit eine innere Erneuerung nötig. So wie es die Aufgabe der Naturwissenschaft ist, den materiellen Menschen in seiner

Beziehung zur physischen Welt zu erforschen, so hat heute eine moderne Wissenschaft des Geistigen die Aufgabe, den Menschen als seelisch-geistiges Wesen in seiner Beziehung zu einer Welt zu erforschen, die voller seelisch-geistiger Wesen ist. Damit kann sie die Naturwissenschaft in ihrer Einseitigkeit ergänzen. So wie die Erklärung für all das, was der Mensch tut, in dem liegt, was er denkt und will, so liegt die tiefere Ursache von allem, was in der sinnlichen Welt geschieht, in dem, was geistige Wesen denken und wollen.

Die Geisteswissenschaft Rudolf Steiners bestätigt die Grundaussage des Christentums, derzufolge der umfassende Geist des Sonnensystems an der Zeitenwende durch seine Menschwerdung, durch seinen Tod und seine Auferstehung die Wiedervereinigung aller Menschen eingeleitet hat. Im schon mehrfach erwähnten Vorgang der Verbindung mit der Welt der Materie verließ der Mensch allmählich den ursprünglichen, rein geistigen Zustand. Durch die Verbindung mit den Erdenkräften trennten sich die Menschen auch immer mehr voneinander. Aus dem ursprünglichen Menschen, der einheitlich war, wurden viele Menschen, die sich mit ihrem Körper zunehmend eins und entsprechend voneinander getrennt fühlen.

Diese Entwicklung wird von der «Schlange» im Paradies eingeleitet. Sie verführt den Menschen dazu, vom Baum der Erkenntnis zu essen. Dies ist der Anfang des Sündenfalls, des Erkenntnisweges des Menschen. Der Baum der Erkenntnis ist unter anderem ein Bild für Wirbelsäule und Gehirn in der Mitte des Körpers – des zusammengeschrumpften «Paradieses». Durch sein Nerven-Sinnes-System kann der Mensch die Welt wahrnehmen und denkend erkennen. Das wache Bewusstsein entsteht – das wusste die «Schlange» genau – durch die zunehmende Verbindung mit dem Körper, durch das «Essen vom Baum der Erkenntnis». «Eure Augen werden aufgetan», sagte sie zu Eva. Angeregt durch die Sinneswahrnehmung leuchtet das Denken auf. Der Mensch macht durch Wahrnehmung und Denken die Erfahrung, ein in sich abgeschlossenes, selbständiges Ich zu sein. Durch das Leben im Körper wacht er aus der Unschuld seines kosmischen Schlummers auf. Aus der zunehmenden Einsamkeit seiner Seele, aus den Erlebnissen heraus, die nur er und niemand anders in der Weise durchmacht, kann der Mensch auf die Suche nach dem Geist gehen – nach dem Geist, der in sich selbst gegründet ist und zugleich sich eins mit allen anderen Menschen weiß.

Um den Abstieg der Menschen in die Materie zu ermöglichen, musste der Sonnengeist in den Anfängen der Entwicklung die Erde verlassen. Physisch und astronomisch gesehen bedeutet dies, dass die Sonne sich von der Erde trennte. Dadurch kam die von uns heute noch erlebbare Gliederung des Sonnensystems zustande.

Auch die Trennung von Sonne und Erde gehört zum «Sündenfall». Das Sonnenwesen ging sozusagen auf Distanz von der Erde und überließ der Schlange, dem Lichtträger «Luzifer», die Aufgabe, die erste Hälfte der Entwicklung auf der Erde zu leiten. In dieser Zeit muss der Mensch die negative Phase der Freiheit – die Befreiung von der Führung von außen – erleben, was dazu führt, dass die Menschheit sich in Einzelmenschen zersplittert. In der ägyptischen Religion spielt die «Zerstückelung» des Osiris, in der griechischen die des Dionysos eine wesentliche Rolle. Beide waren im Ursprung, wie der Adam der Bibel, die noch ungeteilte Menschheit.

Dadurch, dass sich die Menschen als voneinander getrennt erleben, richtet jeder seine Aufmerksamkeit vor allem auf sich selbst. Das führt zu einer stark einseitigen Selbstliebe. Wenn der Sonnengeist, der aus reiner Liebe besteht, mit der Erde und dadurch mit den auf ihr lebenden Menschen verbunden geblieben wäre, wäre das gegenseitige Sichausgrenzen nicht möglich gewesen, und damit wäre es für die Menschen auch nicht möglich gewesen, innere Autonomie zu erlangen.

Dieser Werdegang wiederholt sich im Kleinen in jedem Menschenleben. Nach der paradiesischen Einheit mit der Mutter «sondert» sich das Kind von ihr durch die Geburt und erblickt das physische Licht der Sonne. In der Pubertät muss der Mensch den Anfang seiner Freiheit in der Abgrenzung gegenüber den Erwachsenen suchen, in einer rein negativen, den anderen zurückweisenden Freiheit. Der junge Mensch rebelliert gegen jede Führung von außen, grenzt sich von allem ab, um die eigene Identität zu finden, um innere Selbständigkeit zu erlangen. Diese erste Phase der Entwicklung wird im Evangelium als Gleichnis dargestellt, wo der so genannte «verlorene Sohn» sein Vaterhaus verlässt.

Die Trennung zwischen Mensch und Mensch ist in Wirklichkeit eine Täuschung. Sie besteht nur in der physischen Welt. Das physische Herz des einen Menschen ist zwar ein anderes als das physische Herz des anderen. Aber die Gedanken oder die Liebe des einen Menschen sind nicht getrennt von denen des anderen. Im Seelischen, im Geistigen sind die Menschen nicht voneinander gesondert. Dies hat Buddha sagen wollen, als er von Täuschung, von Illusion (Maja) in Bezug auf die Welt der Materie sprach.

Die Freiheit des Egoismus und die Freiheit der Liebe

Die zweite, positive Phase der Freiheit beginnt, wenn der Mensch sich bemüht, den einseitigen Egoismus mit den Kräften der Liebe zu überwinden. Nur durch Liebe wird der Mensch wahrhaft frei. Die illusorische Freiheit des Egoismus – bei dem die Freiheit des einen die Freiheit des anderen einschränkt – ist nur die Sehnsucht nach Freiheit, die erlebt wird, wenn die wahre Freiheit noch fehlt. Denn das Gegeneinander des Egoismus ist in Wirklichkeit die größte Beeinträchtigung der Freiheit aller.

Echte Freiheit erlebt der Mensch in dem Maße, in dem er die Selbstliebe erweitert und immer mehr Menschen so liebt wie sich selbst. Dieselben Kräfte, die sich jeder angeeignet hat, als er alles in der Welt für die eigene Entwicklung in Anspruch nahm, dieselben Kräfte möchten jetzt zu den anderen Menschen zurückströmen.

Nur in der Erfahrung der Liebe weiß der Mensch, dass jede Trennung eine Illusion ist. Er lernt, dass seine wahre Erfüllung darin besteht, sich wie ein lebendiges Glied im einheitlichen Organismus der Menschheit zu erleben. Die

Menschheit ist in Wirklichkeit ein einziger geistiger Organismus. Kein Mensch darf darin fehlen – wie das für jedes Organ eines Organismus gilt. Der einzelne Mensch kann nicht sein Glück oder seine Vervollkommnung erlangen, außer zusammen mit allen anderen.

Das Erobern der wirklichen Freiheit, die «Fülle der Zeiten», die große Wende aller Entwicklung, vollzieht sich mit der Wiederkehr des Sonnengeistes auf die Erde. Der Messias-Christus kehrt zurück, um diejenigen Kräfte in die Menschheit hineinzubringen, die allen Egoismus in Liebe verwandeln können.

Dieses Ereignis ist lange vorbereitet worden. In den Jahrtausenden vor der Wende wurde es durch die Eingeweihten in den Mysterienschulen aller Völker und Religionen angekündigt. Und weil der Geist der Sonne vor zweitausend Jahren seine Sonnenheimat verlassen hat, um aus der Erde seinen Leib, um aus der Menschheit seine Seele zu machen, sind Sonne und Erde als Himmelskörper seitdem dabei, sich immer näher zu kommen mit dem Ziel, wieder ein Leib und eine Seele zu werden. Dieser Entwicklungsvorgang wird wiederum auch die anderen Planeten des Sonnensystems einschließen.

Jesus von Nazareth und die «Erfüllung des Gesetzes»

Das hebräische Volk war berufen, die leibliche Konstitution rein zu erhalten und die Seele des Menschen auf die

Menschwerdung des Messias-Christus vorzubereiten. Jesus von Nazareth trägt in sich das Ergebnis der leiblichen und seelischen Entwicklung des hebräischen Volkes. Er wird in seinem dreißigsten Lebensjahr bei der Taufe im Jordan zum Träger des Christus. Alles, was sich in der Geschichte des jüdischen Volkes ereignet hat, findet seinen übergreifenden Sinn, seine Erfüllung, in den Formkräften des Körpers und in den Erlebnissen der Seele des zukünftigen Trägers des Messias.

Bei der Taufe im Jordan verbindet sich der göttliche Geist der Sonne mit dem Menschen Jesus. Diese Einswerdung ist die Erfüllung des Entwicklungsgesetzes, die Erfüllung aller Prophezeiungen über die Ichwerdung des Menschen. Die zwei Säulen der hebräischen Religion, das Gesetz und die Propheten, finden ihren Sinn in der Menschwerdung des Logos, des Genius des Sonnensystems, im Leib und in der Seele des Menschen Jesus. Dank der Wiederkehr des Wesens voller Weisheit und Liebe zur Erde werden alle notwendigen Bedingungen für die zweite Hälfte der Entwicklung geschaffen, die getragen wird von der Liebe und der Freiheit jedes einzelnen Menschen.

In der Entwicklung vor der Zeitenwende hat jeder Mensch die drei Stufen durchschritten, die im Werden des hebräischen Volkes beispielhaft dargestellt sind: die Abraham-, die Moses- und die Elias-Hiob-Stufe. In unserer Zeit trägt jeder Mensch die Leiblichkeit Abrahams, die Gesetzesliebe des Moses und die Individualität des Elias in sich. Jeder strebt in seinem innersten Wesen danach, diese dreifache Identität – die leibliche, die seelische und die geistige – sich immer bewusster, immer wesenhafter zu Eigen zu machen.

Die heiligen Schriften des Christentums sprechen von der «Erfüllung des Gesetzes». Das «Gesetz» aller Gesetze ist der göttliche Plan der Menschwerdung, der Gesamtsinn der Entwicklung, das Streben nach Freiheit und Liebe, das jedem Menschen angeboren ist. Ein wichtiger Gedanke des heiligen Paulus besagt: Nicht die Sünde hat das Gesetz auf den Plan gerufen, sondern umgekehrt hat das Gesetz die Sünde zur Folge gehabt – das Gesetz der Entwicklung zum Ich, der zunehmenden Individualisierung, musste die so genannte «Sünde» hervorbringen, die «Sonderung» der Menschen voneinander. Nur so konnte die Geburt des Ich, des einzelnen, selbständigen Menschen möglich gemacht werden. Diese Trennung, diese «Sünde», darf also nicht moralisierend als schlimme Sünde aufgefasst werden, als ob sie ein Übel wäre, das man besser hätte vermeiden sollen. Der Sündenfall kann nur als notwendige Durchgangsstufe, als unabdingbare Voraussetzung auf dem Weg zur freien Individualität verstanden werden. Die Sünde hat die Einseitigkeit des Egoismus zur Folge gehabt, die Eigenständigkeit jedes Menschen auf Kosten der Zusammengehörigkeit. Sünde im moralischen Sinne ist nicht das Entstehen des Egoismus, der Autonomie des Individuums, sondern das Versäumen der dadurch möglich gewordenen Überwindung. Um aber den Egoismus überwinden zu können, muss er erst vorhanden sein, sonst gäbe es nichts zu überwinden!

«Ich und der Vater (Abraham) sind eins»

Das Johannes-Evangelium stellt die Mysterien der Entwicklung in besonders tiefer Weise dar. Die langen, sinnerfüllten «Streitgespräche» zwischen Christus und den Schriftgelehrten und Pharisäern kreisen um das richtige Verständnis des Gesetzes. Dem Rabbi aus Nazareth wird vorgeworfen, das Gesetz zu missachten, zum Beispiel weil er die Ruhe des Sabbats nicht einhält. Er macht seinerseits geltend, dass er um der Erfüllung des Gesetzes willen gekommen ist. Durch sein Kommen, durch sein Wirken in der Menschheit soll das Gesetz aller Menschwerdung seine tiefste Wirksamkeit entfalten.

Der erste Teil des Johannes-Evangeliums gipfelt im elften Kapitel, in dem die Auferweckung des Lazarus geschildert wird. Die drei vorangehenden Kapitel haben ihren Brennpunkt in einer Auseinandersetzung über die drei erwähnten Entwicklungsstufen, die das hebräische Volk durchgemacht hat, um das Kommen des Messias vorzubereiten.

Im achten Kapitel steht der Beitrag Abrahams zur Entwicklung des Menschen im Mittelpunkt. Die Juden von damals fassen ihr Selbstverständnis in der Aussage zusammen: «Wir sind Kinder Abrahams, in uns ist wirksam der Same Abrahams.» Damit sagen sie: Unsere Identität, unsere Einzigartigkeit, ist gegeben durch unseren besonderen Körper, durch unser Blut, das wir von Abraham geerbt haben. Wir haben einen Körper, in dem Jahve so wirkt, wie er es Abraham und seinem Samen versprochen hat. Nur derjenige, der einen solchen Körper besitzt, kann vom Geist Jahves durchdrungen sein.

Die Schriftgelehrten und Pharisäer sehen also in der Blutsverwandtschaft ihr Privileg, ihre Sonderstellung in der Menschheit. Das Blut unterscheide sie von den Nichtjuden, so denken sie, und mache sie erst zu wahren Menschen. Nur diejenigen, die zum Abraham-Volk dank ihres Körpers gehören, könnten einen Zugang zum Göttlichen erlangen. Alle anderen Menschen seien vom lebendigen Zusammenhang mit Jahve ausgeschlossen.

Diesem Selbstverständnis tritt Christus mit dem lapidaren Satz entgegen: «Ehe Abraham war, war das Ich-bin.» Schon lange bevor Abraham auftreten konnte, wirkte das Wesen des Ich, das Wesen, das in sich die Gesamtkräfte des Ich umfasst. Diese Worte werden üblicherweise übersetzt mit: «Ehe Abraham war, bin ich.» Aber Christus kann damit nur meinen: «Noch bevor Abraham geboren wurde, bevor er seine Leiblichkeit vererben konnte, war in der Menschheit das Wesen des Ich wirksam.» Die besondere physische Konstitution Abrahams ist eine von vielen Stufen im Gesamtplan der Entwicklung zum Ich. Die Gesamtheit des göttlichen Plans umfasst die Ichwerdung jedes Menschen. Das Wesen, das in sich alle Kräfte zusammenfasst, die notwendig sind, um zu einem selbständigen Ich zu werden – dasjenige Wesen, das sich «Ich-bin» schlechthin nennen darf –, begleitet den Entwicklungsweg aller Menschen vom ersten Anfang bis zum letzten Ende. Der Name Jahve bedeutet Ich-bin: Durch Jahve leuchtet im Menschen ein erstes, von Blut und Gesetz getragenes Bewusstsein auf, ein Ich zu sein. Dieses Bewusstsein hat vor dem Kommen des Messias-Christus einen vorbereitenden Charakter, weil Abrahams Blut und das mosaische Gesetz noch gruppenhaft sind, noch nicht ganz individuell.

Dasjenige, was von allem Anfang an vorhanden sein muss, noch bevor die Einzelschritte ins Auge gefasst werden können, ist das Gesamtziel der Entwicklung, der Gesamtplan in seiner Ganzheit und Einheit. Die Aussage «Ehe Abraham war, war vorhanden das Ich-bin», will ausdrücken: Die Ichwerdung des Menschen ist das Ganze der Entwicklung. Die Einzelschritte müssen sich nach dem Ganzen richten, können nur *danach* ins Auge gefasst werden, können nur darin ihren gebührenden Platz finden.

Wer sagt: «Ich und der Vater Abraham sind eins», identifiziert sich mit einem Sonderimpuls der Entwicklung. Die Antwort des Christus lässt das Wort Abraham weg und sagt: «Ich und der Vater sind eins.» Mit «Vater» ist hier nicht der leibliche Vater Abraham gemeint, sondern der geistige Vater aller Menschen. Abraham ist nur der Vater des jüdischen Volkes, derjenigen Gruppe von Menschen, die von ihm das Blut erben. Wenn aber Christus sagt: «Ich und der Vater sind eins», ist derjenige Vater gemeint, den alle Menschen gemeinsam haben. Die Erfahrung des Ich wird möglich, wenn der Mensch sich mit dem geistigen Vater aller Menschen verbindet.

Die Fülle der Zeit beginnt, wenn der Mensch fähig wird, sich mit dem Ganzen eins zu fühlen – wenn er das Ganze der Entwicklung im Denken erfasst und aus seinen Willenskräften heraus anstrebt. Durch das Kommen des

Messias-Christus wird der Mensch fähig, das Allgemein-menschliche zu seiner individuellen, intimsten Angelegen-heit zu machen. Der geistige Vater aller Menschen wirkt nicht nur im physischen Körper durch das Blut, so wie der Vater Abraham. Der Wille des Menschheitsvaters ist, dass jeder Mensch auf gleiche Weise mit den Ichkräften sich durchdringen möge, um individuell und freiheitlich an der Entwicklung der ganzen Menschheit teilzunehmen.

«Moses schrieb vom Ich»

Im neunten Kapitel des Johannes-Evangeliums steht die andere Aussage der Schriftgelehrten im Mittelpunkt der Auseinandersetzung: «Wir sind Schüler des Moses.» Zu dem physischen, von Abraham geerbten Körper kommt das durch Moses geoffenbarte Gesetz hinzu. Wir sind Schüler des Moses, will sagen: Unsere Identität, die in-nerliche Wirklichkeit unserer Seele, liegt im Gehorsam, in der Achtung der Thora, des hebräischen Gesetzes. Es ist die Befolgung dieses Gesetzes, die uns zu dem macht, was wir sind.

Gegenüber dieser Identität aufgrund von Gesetzestreue sagt der Christus: «Moses hat geschrieben vom Ich-bin» (Johannes 5,46). Dieser Satz wird üblicherweise übersetzt mit: «Moses hat von mir geschrieben.» Man fragt sich: Wann hat denn Moses von Christus geschrieben oder gesprochen? Es wurde schon dargelegt, welchen Inhalt die Zehn Gebote ha-ben: Es sind die zehn Entwicklungsgesetze, die jedem Menschen ermöglichen, immer mehr zu einem bewussten und freiheitlichen Ich zu werden. Moses hat also in seiner Gesetzgebung von der Entwicklung gesprochen, die von jenem geistigen Wesen geleitet wird, das in sich alle Kräfte der Ichentwicklung trägt. Derjenige, der Moses inspiriert hat, konnte niemand anders sein als das Wesen des Ich, das in den Zehn Geboten die zehn Entwicklungswege weist, auf denen jeder Mensch mehr und mehr zu einem Ich werden kann.

Im zehnten Kapitel zeigt sich dann die letzte Konsequenz dieser gewaltigen Auseinandersetzung. Die erste Aussage der Juden war: «Wir sind Kinder Abrahams», und die erste Erwiderung: «Ehe Abraham war, war das Ich-bin.» Die zweite Aussage war: «Wir sind Schüler des Moses» und darauf die zweite Herausforderung des Christus: «Moses hat vom Ich bin geschrieben.» Der dritte, endgültige Schritt in der Erfüllung des Gesetzes durch die Entwicklung der Ichkräfte äußert sich in den monumentalen Worten des Christus: «Ihr seid Götter!» (θεοι εστε, theoi este) (10,34). Auch hier führt Christus das Alte Testament an, die jüdische Thora! Mit diesen Worten sagt er: Jeder Mensch ist dazu berufen, in seinem Ich immer göttlicher, immer mehr zu einem göttlichen Mitschöpfer in seinem Denken und in seinem Handeln zu werden. Indem der Mensch immer lebendiger in seinem Denken, immer erfindungsreicher in seiner Liebe wird, macht er die Erfahrung, ein göttlich-geistiges Wesen zu sein, das in einer geistigen Welt lebt. Er nimmt immer wesenhafter Anteil an der göttlichen Schöpfung.

Unmittelbar nach dieser Aussage, im elften Kapitel, bringt Christus mit der Auferweckung des Lazarus die von ihm geäußerte Prophezeiung aller Prophezeiungen in Erfüllung, in der er verspricht: «Ihr seid Götter.» Mit der Auferweckung des Lazarus geht es nicht darum, einen Toten zurück ins Leben zu holen. Lazarus war in den dreieinhalb Tagen, in denen sein Körper in der Grabkammer aufgebahrt lag, als Mensch in seiner geistigen Heimat – mit dem Christus verbunden. Der physische Körper war in einem Zustand zwischen Schlaf und Tod. Die Auferweckung des Lazarus kann als Urphänomen der Gottwerdung als Vollendung aller Menschwerdung gesehen werden. Denn je menschlicher der Mensch wird, desto christlicher wird er – und je christlicher desto göttlicher und dadurch wiederum menschlicher.

Die «Erfüllung» des Gesetzes der Menschheitsentwicklung liegt in der Fülle des Menschlichen, in der Überwindung jeder Einseitigkeit und jedes Mangels. Jeder Sonderimpuls erhebt Anspruch auf Ausschließlichkeit, und in der Überwindung jeder Identifizierung mit einer Gruppe findet der Mensch seine volle Menschlichkeit. Der Geist der Menschheit als untrennbare Einheit aller Menschen macht es jedem Menschen möglich, auf der einen Seite das Allgemeinmenschliche und auf der anderen Seite das einzigartig Ichhafte zur Vollendung zu bringen.

Die Ehebrecherin zu Tode steinigen?

Als «Vorspann» zu dieser grandiosen Steigerung in drei Schritten, die wir gerade erwähnt haben, wird im Johannes-

Evangelium am Anfang des achten Kapitels die Episode mit der Ehebrecherin angeführt. Eine Frau wird beim Ehebruch ertappt – das ist die äußerlich historische Tatsache. Die Art und Weise, wie sich der Christus dazu stellt, hebt wiederum den Sinn der Entwicklung hervor, insoweit er für alle Menschen auf gleiche Weise gilt.

Die Schriftgelehrten und die Pharisäer bringen die Frau vor den Christus mit der Frage: «Nach dem Gesetz des Moses soll eine Frau, die Ehebruch begeht, zu Tode gesteinigt werden. Was sagst du dazu?» Christus beugt sich schweigend hinunter und schreibt mit dem Finger in die Erde. Als er nochmals dazu aufgefordert wird, Stellung zu nehmen, sagt er zu den Anwesenden: «Wer von euch ohne Sünde ist, werfe als Erster den Stein.»

Das Gesetz des Moses stellt den Menschen vor zwei Deutungsmöglichkeiten: Entweder ist die Aufforderung, eine Ehebrecherin zu steinigen, im physischen Sinne gemeint, oder aber die Aussage ist in einem tieferen Sinne zu verstehen. Wenn es der Wille Jahves wäre, eine solche Frau physisch zu Tode zu bringen, dann folgte daraus, dass diese Frau als Mensch, als Individuum, nichts wert wäre, dass sie nur insoweit einen Wert hätte, als sie Trägerin reinen jüdischen Blutes ist – im Hinblick auf die Geburt des Messias. Wenn sie dieses Blut verunreinigte durch einen Ehebruch, müsste ihr physischer Körper zerstört werden, um vom hebräischen Volk jede Verunreinigung des Blutes fernzuhalten. Die physische Steinigung macht nur einen Sinn, wenn der unrein gewordene *Körper der Frau* vernichtet werden muss. Sollte sie hingegen aufgrund der

Verunreinigung ihrer *Seele* gesteinigt werden, dann wäre die Aufforderung, sie materiell zu steinigen, in zweifacher Hinsicht sinnwidrig: Erstens müsste dasselbe auch für die Seele des Mannes gelten, denn zu einem Ehebruch gehört auch der Mann; zweitens wäre es nicht einzusehen, wie der Tod der Weiterentwicklung der Seele dienen könnte.

Das ersterwähnte Verständnis des Gesetzes entspricht der Entwicklungsstufe, in der das Volk oder eine Gruppe wichtiger ist als der Einzelne, in der das Individuum als solches noch keinen Wert für sich besitzt. Der Einzelmensch gilt da noch als reines Mittel für die Mission des Volkes. Diese Phase kann nur als eine zu überwindende betrachtet werden, niemals als die endgültige. Das Endgültige hat man nur, wenn man den einzelnen Menschen als letztes Ziel aller Entwicklung betrachtet und nicht mehr als Mittel zu Diensten irgendeiner Gruppe. So kann das Gesetz auf eine ganz andere Weise verstanden werden, als die damaligen Juden es taten.

Man kann in der Ehebrecherin die Repräsentantin der Seele jedes Menschen sehen. Die zwei genannten Deutungen des Gesetzes stehen dann für zwei Stufen der Bewusstseinsentwicklung: Um die zweite erreichen zu können, musste die Menschheit durch die erste hindurchgehen. Sie musste durch eigene Erfahrung lernen, dass sie überwunden werden muss, dass man nicht dabei stehen bleiben darf.

So bekommen auch die Worte des Christus einen tiefen Sinn: «Wer von euch ohne Sünde ist, werfe als Erster den Stein.» Daraufhin entfernen sich alle, zunächst die

Älteren, weil diese mehr Zeit und Möglichkeit gehabt haben zu «sündigen». Und als die Frau schließlich allein vor Christus dasteht, fragt er sie, ob jemand sie verurteilt habe. «Keiner», sagt sie und er antwortet: «Ich verurteile dich auch nicht. Entwickle dich weiter in deinem Inneren, um jede Art von Sünde zu überwinden. Je mehr du dich mit dem Geist verbindest, desto mehr machst du die Sonderung (die Sünde) vom Geist rückgängig.»

So gesehen hat Moses im Gesetz sagen wollen: Im jüdischen Volk, im Unterschied zu anderen Völkern, geht es darum, die Kräfte des Ich zu pflegen, sie in jedem einzelnen Menschen immer weiter auszubilden, die Kräfte, die von allem äußeren Zwang befreien – von jedem Determinismus der Natur und vom Befangenbleiben im Gesetz einer Gruppe. Moses sagt damit dem Menschen: «In deinem Innersten strebst du danach, dir die Tatsache immer bewusster zu machen, dass die menschliche Entwicklung dahin zielt, jedem Menschen die Selbsterfahrung als selbständiges Ich zu ermöglichen. Die Naturgesetze sollen dir nur zur Grundlage für dasjenige dienen, was du darauf als freischaffender Geist aufzubauen hast. Wenn du eine richtige Auffassung des Entwicklungsgesetzes hast, wirst du wissen, dass ein Mensch, der ganz in seinen Naturinstinkten befangen bleibt – wie der Geschlechtstrieb, der sich im Ehebruch äußert, einer ist –, zeigt, dass er noch nicht in vollem Sinne des Wortes ein Mensch ist. Das Gesetz hilft dir, zu verstehen, dass ein Mensch, der nichts Eigenes, Ichhaftes zu den Kräften der Natur hinzufügt, geistig gesehen so gut wie ‹tot› ist. Du wirst das Entwicklungsgesetz der

Menschwerdung nur dann richtig erfassen, wenn du denjenigen Menschen in dir als tot betrachten kannst, der rein vom Instinkt bestimmt wird.

Und wo findest du in der Natur das Urbild dessen, was tot ist? Das findest du im Mineralreich, in den Steinen. Wenn du dir die richtigen Gedanken über das Gesetz der Entwicklung machst, das dir durch Moses geoffenbart worden ist, wirst du von einem Menschen, der in den Kräften der Natur aufgeht, denken, dass er als Mensch so ‹tot› ist wie ein Stein. Zwar kann es auf der jetzigen Stufe der Entwicklung ‹Naturmenschen› in Reinkultur noch gar nicht geben. Aber wenn du die freie Entwicklung des Ich bis zu Ende denkst, muss es den Menschen auch freistehen, am Ende so tot zu sein wie der Stein.»

Selbst die Schriftgelehrten und die Pharisäer, die mit Steinen in den Händen dastehen, können nicht mit gutem Gewissen aus dem Gesetz die Aufforderung herauslesen, die Ehebrecherin physisch zu Tode zu steinigen. Ihr inneres Dilemma zeigt sich darin, dass sie sich einerseits vom Christus einen Freibrief zur Steinigung erhoffen, andrerseits wissen, dass er eine brutale physische Steinigung nicht wird gutheißen können. Auf diese Weise offenbaren sie ihre tief sitzende Unsicherheit in der Deutung ihres eigenen Gesetzes. Sie meinen ihn in jedem Fall zu Recht anklagen zu können, wie auch immer seine Antwort ausfällt. Dadurch zeigen sie aber nichts anderes als ihre eigene Hilflosigkeit in dieser Frage.

Die Seele des Menschen:
schon immer eine «Ehebrecherin»

Das historische Ereignis der von Christus nicht verurteilten Ehebrecherin ist zugleich das Bild eines Urphänomens in der Entwicklung jedes Menschen. Der Ehebruch, der im individuellen Schicksal dieser Frau stattfindet, ist ein reales Bild des Entwicklungsweges, den jeder Mensch gegangen ist.

Am Anfang seiner Entwicklung war der Mensch mit dem Geist verbunden. Diese erste «Ehe», diese anfängliche Verbindung mit dem göttlichen Geist, musste aufhören, um die Ichentwicklung möglich zu machen. Die menschliche Seele musste sich von der geistigen Welt trennen, ihre Verbindung mit der Welt des Geistes aufkündigen, um sich mit dem zweiten «Gemahl», mit dem Körper, mit der Welt der Materie, zu verbinden. Als Folge dieses «Ehebruchs» erlebt und kennt auch die Seele des heutigen Menschen nur dasjenige, was ihr durch den physischen Körper vermittelt wird. Neurobiologen werden nicht müde, zu betonen, dass die Mischung der Gene und die Nervenschaltungen alles beim Menschen entscheiden, auch was im Bewusstsein geschieht.

Der positive Sinn dieses kosmischen Ehebruchs äußert sich in der Haltung des Christus, der die Ehebrecherin, die menschliche Seele, nicht verurteilt. Er beugt sich nieder und schreibt diese entwicklungsnotwendige Tatsache in die Erde. Die Erde ist der Ort der Trennung der Seele des Menschen von der geistigen Welt – aber auch der Ort ihrer Rückkehr zum Geist! Christus schreibt in den Leib der Erde alle Entwicklungsnotwendigkeiten, weil sie der Ort ist, wo auch alle zukünftigen Schritte der Entwicklung sich vollziehen werden. Auf seinen eigenen Erdenleib schreibt er als Erlöser der Menschenseele deren Sündenfall, der als notwendige Bedingung für alle zukünftige Erlösung durchlebt wird.

Die Seele des Menschen hat sich im Laufe der Zeit mit dem physischen Körper so tief verbunden, dass sie den Geist aus dem Auge verloren hat. Und die Zeitenwende vollzieht sich jedes Mal, wenn das Wesen voller Liebe sich auf die Erde beugt und darauf die Taten der Menschen schreibt – um seine eigene Hochzeit mit dem Erdenkörper, der «die Sünde der Welt» trägt, zu feiern. Christus begleitet so jeden Menschen bei dessen Wiederaufstieg zur Wirklichkeit des Geistes.

Die Aufforderung, sich weiterzuentwickeln, um die Sonderung vom Geist rückgängig zu machen, diese Aufforderung des Christus an die Ehebrecherin, an jede menschliche Seele, will sagen: Du trägst in dir alle Kräfte, die du brauchst, um eine erneute, frei errungene «Ehe» mit dem Geist einzugehen. Du kannst jede Sünde, die für deine Menschwerdung notwendig wurde, wieder «gutmachen». Das Ich individualisiert und stärkt sich gerade durch Wiederverbindung mit der geistigen Welt, aber keine Verbindung ist möglich ohne vorherige Trennung.

Jeder menschlichen Seele sagt der Christus: «Es ist dein tieferer Wille, dich wieder mit dem Geist zu verbinden – aber diesmal aus deiner innersten Freiheit heraus.» Das ist wahre «Religion»: Der Mensch verbindet sich erneut mit

dem Geist, indem er das Göttliche im eigenen schöpferischen Geist erlebt.

Christentum als Religion der Erde

Das Wesen des Christentums ist die Entscheidung des
Sonnengeistes, auf die Erde zurückzukehren, um die
Erfahrung des menschlichen Todes mit allen Menschen
zu teilen. Der Tod eines göttlichen Wesens vor zweitau-
send Jahren ist eine sinnlich-geistige, historisch-mystische
Tatsache, die der Entwicklung des Menschen auf der Erde
ihren Sinn verleiht. Durch die göttliche Verwandlung des
Todes des Körpers in die Auferstehung des Geistes wird die
Zeit in zwei Abschnitte geteilt – in eine Zeit der Erwartung
und in eine Zeit der Erfüllung.

Das Ereignis von Golgotha, der Tod und die Auferstehung des Christus als göttlich-menschliches Wesen, hat jedem Menschen neue Kräfte zur Verfügung gestellt. Durch
das Wirken des Christus kann der Mensch seine Sehnsucht nach dem Geist immer kraftvoller erleben. Christus
schreibt in den Erdenleib den «Ehebruch» aller Menschen
ein, weil nur im Leben auf der Erde der Mensch die Wirklichkeit des Geistes wiedergewinnen kann. Verließe der
Mensch die Erde, beginge er einen zweiten Ehebruch. Zu
der Scheidung vom Geist, seinem himmlischen Vater, käme
die Scheidung von der Erde, seiner irdischen Mutter, hinzu.
Er würde damit den Ort verlassen, der ihm für alle zukünftige Entwicklung zugedacht ist.

Der Christus, der die Taten der Menschen in die Erde schreibt, sagt damit dem Menschen: Du wirst immer wieder auf die Erde zurückkommen, bis du alle Menschen und alle Geschöpfe der Erde mit dir in die «Auferstehung des Fleisches» nehmen kannst. Dir zuliebe ist die Erde eingefroren, steinhart geworden, um dir deine Menschwerdung zu ermöglichen. Die mineralische Welt ist als feste Grundlage für deine eigene Entwicklung entstanden, zusammen mit den anderen Naturreichen. Deine Verbindung mit der Welt der Steine hat nicht den Sinn, dich auch als Seele zu Tode zu steinigen, sondern dir die Möglichkeit zu geben, als Menschengeist jeden Tag erneut aufzuerstehen. Die Steinwelt möchte nicht in Undankbarkeit von dir im Stich gelassen werden. Unbewusst sehnt sie sich danach, in deinem denkenden und liebenden Geist ihren lang andauernden Tod in ein ewiges Leben zu verwandeln.

Jesus und Christus: menschliche Erwartung und göttliche Erfüllung

Jesus Christus ist ein Doppelname: Jesus ist der Mensch, der im dreißigsten Lebensjahr zum Träger des Christus wurde. Christus ist ein göttliches Wesen, der Geist der Sonne voller Weisheit und Liebe, der gemeinsame Geist aller Menschen, der Sinn ihrer gemeinsamen Entwicklung. Christus verbindet sich mit dem Menschen Jesus, um in ihm und durch ihn auf der Erde zu wirken. Drei Jahre lang hat er im Menschen Jesus gewohnt, um als göttliches

Wesen all das zu erleben, was Menschen auf der Erde erleben, ganz besonders den Tod.

Jesus von Nazareth trägt in sich die Sehnsucht aller Menschen nach Erlösung, nach dem Geist. Er ist die *lebendige Religion aller Menschen*, weil er, wie kein anderer, die Gottverlassenheit des Sündenfalls durchleiden konnte.

Was sich im dreißigsten Lebensjahr des Jesus ereignet, ist etwas, von dem die Religionen vor der Zeitenwende nicht im Einzelnen berichten konnten, weil es noch nicht geschehen war. Was verschiedene Eingeweihte vorausgesagt hatten, dass der Geist der Sonne auf die Erde zurückkehrt, das ist in dem Ereignis von Golgotha Wirklichkeit geworden. Es vollzog sich aber auf eine Art und Weise, die kaum einer erwartet hatte oder sich vorstellen konnte. Deshalb konnten nur wenige damals verstehen, was geschah.

Der allumfassende Geist des Sonnensystems ist gekommen, um auf der Erde alles zu erleben, was alle Menschen erleben. Derjenige, der in sich alle Kräfte der Liebe trägt, ist gekommen, um diese Kräfte auf die Erde überfließen zu lassen. Vor zweitausend Jahren wurde keine neue Religion begründet: Das Christusereignis hat mit allen Menschen gleichermaßen zu tun. Alle Menschen sind vor Christus gleichgestellt. In Jesus von Nazareth lebt das moralische Gewissen aller Menschen, soweit sie strebende Menschen sind und sich ihre Erlösungsbedürftigkeit bewusst machen.

In den allerersten Jahrhunderten nach der Zeitenwende waren noch die letzten Reste der alten «Gnosis», die letzten Ausläufer östlicher Weisheit vorhanden. Nur durch diese alte Weisheit konnten noch einige wenige Menschen die kosmische Natur des Christus verstehen. Mit dem vierten Jahrhundert verschwand auch der letzte Rest der gnostischen Weisheit. In der Zeit nach Konstantin, mit der Verquickung von Christentum und irdischer Macht, ging die kosmische Dimension des Mysteriums von Golgotha und des Christuswirkens verloren – bis man zuletzt nur noch von dem «schlichten Mann aus Nazareth» zu reden wusste.

Das Christentum als «mystische Tatsache»

Die religiöse Praxis vor der Zeitenwende war ein Tun der Menschen, das Christus-Ereignis ist die Tat eines göttlichen Wesens. Vor der Wende war Religion die Bemühung des Menschen, in Beziehung zur Gottheit zu kommen. Das Gebet, der Kultus waren menschliche Handlungen, in denen sich die Sehnsucht des Menschen ausdrückte, sich mit der geistigen Welt zu verbinden.

Das Wesen des Christentums liegt nicht in der religiösen Übung der Menschen, sondern ist, wie Rudolf Steiner sich ausdrückt, eine «göttliche Angelegenheit». Für die ganze Zeit vor der Zeitenwende standen alle geistigen Wesen, von den untersten bis hinauf zu den höchsten Engeln, vor einem für sie unlösbaren Rätsel. Die Tatsache, von der die Menschen sprachen, wenn sie das Wort «Tod» gebrauchten, war ihnen etwas Rätselhaftes, etwas ganz Unverständliches. Aber immer eindringlicher stiegen die Klagen der Menschen zu ihnen empor, die Schmerz und Angst vor dem Tod ausdrückten.

Und so geschah es, dass eines Tages im Rat der Engelhierarchien der Entschluss gefasst wurde, den Sohn des höchsten Gottes, den Genius der Sonne, stellvertretend für sie alle auf die Erde zu schicken, um die Erfahrung von dem zu machen, was die Menschen Tod nennen. Mit ihnen zusammen und ihnen zuliebe fasste der Geist, der voller Liebe ist, den Entschluss, Mensch zu werden, um die Erfahrung des Todes zu machen.

Das Leben auf der Erde ist ein tägliches Sterben. Eingeschränkt in Raum und Zeit, stirbt der Mensch jedes Mal, wenn er eine Wahl treffen muss: Er muss das eine nehmen und das andere lassen – in dem, was er lässt, muss er auf einen Teil seines eigenen Wesens verzichten. Er verbindet sich mit einem Menschen und wird dadurch einen anderen nicht zu seinem Freundeskreis zählen können. Zu diesem täglichen Sterben in der eigenen Seele kommt der Tod des Körpers hinzu – und das nicht nur am Ende des Lebens. Jeden Tag wird der Mensch um einen Tag älter, er empfindet von Jahr zu Jahr immer deutlicher die Schwere seines Körpers. Jede Krankheit ist ein Hinweis auf den endgültigen Tod. Und mit der Erfahrung des Todes verband sich immer mehr die Angst, mit dem Verlust des Körpers auch als Mensch im Nichts zu versinken. Wie Recht hatte der große Buddha in seiner ersten edlen Wahrheit: Alles Leben ist Leiden.

So kann man sich vorstellen, dass alle Engel sozusagen den Atem anhielten, als beim Tod des Christus das Blut aus den Wunden floss, als der Geist der Sonne den Körper des Jesus von Nazareth verließ. In allen Himmeln muss die spannungsvollste Erwartung geherrscht haben: Was wird ER uns über den menschlichen Tod berichten? Wird auch er als Besiegter bitter darüber klagen? Wird auch er den Tod als Sieger über das Leben erleben, wie die Menschen es tun?

Und wie können wir Erdenmenschen uns den Jubel vorstellen, den im Himmel alle Hierarchien angestimmt haben müssen, als am Ostersonntag der Christus ihnen feierlich verkündete: «Was die Menschen Tod nennen, gibt es in Wirklichkeit nicht. Die Menschen haben Angst vor etwas», muss er ihnen gesagt haben, «was es gar nicht gibt. Was sie Tod nennen, ist nur ihre Angst, mit dem Ablegen des Körpers auch als Seele nicht mehr sein zu können. Der Sündenfall ist der Fall des menschlichen Bewusstseins. Was erlöst werden muss, ist das Bewusstsein des Menschen – den Tod gibt es nur in seinen Bewusstsein als Selbsttäuschung. Aber die Todesangst ist wohl eine bittere Wirklichkeit in der Seele des Menschen, sie ist es, die in seinem Herzen so sehr schmerzt! – Wie kann *die Angst* vor dem Tod überwunden werden? Dies ist die große Frage der Erlösung.» Wie schwierig muss es für alle Engel gewesen sein, seine Worte zu verstehen, für sie, die weder das tägliche Sterben noch den Tod am Ende eines Lebens auf der Erde je erfahren haben. Die Menschen aber können seine Worte verstehen.

Die dreifache Höllen- und Himmelfahrt

Der Mensch sieht den Tod als Ende, wenn er nicht mehr dasjenige erlebt, was in ihm ewig, was von ihm unsterblich ist. Wenn er aber die Erfahrung machen kann, ein unsterbliches geistiges Wesen zu sein, wenn er sich als Geist erlebt, der keinen Tod kennt, dann wird er auch die Angst vor dem Tod überwinden können. Jeder Mensch kann sein Denken und sein Wollen immer weiterentwickeln, es immer unabhängiger vom Körper machen, bis der Tod ihm nichts mehr anhaben kann. Aber die Unsterblichkeit kann nicht etwas sein, was dem Menschen gegeben wird, ohne dass er selbst dazu beiträgt. Sie kann nur das Ergebnis einer individuellen und freiheitlichen Entwicklung sein. Es liegt an jedem selbst, sich die eigene Unsterblichkeit Stück für Stück zu erringen.

Die kosmische Tragweite des Ereignisses, das vor zweitausend Jahren stattgefunden hat, äußert sich in der so genannten «Höllen- und Himmelfahrt» des Christus. Das Christusbewusstsein ist der höchste «Himmel», den man sich vorstellen kann. Christus selbst – der Reichtum seiner Weisheit und die Reichweite seiner Liebe – ist das reale Paradies, einen schöneren «Himmel» kann es nicht geben! Christus macht aus der Erde seinen Körper, um die Entwicklung der Menschen auf der Erde zu begleiten. Jedem Menschen sagt er: «Ich bin mit dir, ich bleibe mit allen Menschen bis zum Ende der Erdenzeiten.» Christus bleibt während der ganzen zweiten Hälfte der Entwicklung mit der Erde als mit seinem Leib verbunden. Der Mensch kann dem Christus nur auf der Erde und in Verbindung mit der Erde begegnen, nur auf der Erde kann er «im Paradies leben». Die Himmelfahrt des Christus besteht nicht etwa darin, dass er die Erde verlassen hat, sondern, dass er aus der Erde den Himmel aller Menschen gemacht hat. Die Himmelfahrt ist in Wahrheit des Christus Erdenfahrt. Er ist selber das irdische Paradies aller Menschen geworden, die auf der Erde wandeln. Und um zum ewigen Himmel der Menschen zu werden, musste der Christus in eine dreifache Hölle hinuntersteigen, in eine dreifache Erfahrung des Todes.

Eine erste dunkle «Hölle» war die erwähnte Unwissenheit aller Engelhierarchien in Bezug auf den menschlichen Tod. Diese Bewusstseinsfinsternis wurde von Christus in Licht verwandelt. Seit seinem Tod wissen alle Engel, welche Aufgabe ihnen beim Begleiten des Menschen durch den Tod hindurch zukommt. Sie wissen jetzt, und das ist die Himmelsaufhellung ihres Bewusstseins, dass der Mensch eine Aufgabe im Weltgeschehen hat, die kein Engel erfüllen kann. Es ist die Aufgabe, als ein in der Materie verkörperter Geist zu leben, um jedes tägliche Sterben in eine Auferstehung des Geistes zu verwandeln.

Eine zweite Höllenfahrt des Christus war sein Eindringen in das Totenreich, in das Bewusstsein der verstorbenen Menschen. Dieses Bewusstsein war – wie Achill den Odysseus wissen lässt – ganz und gar verdunkelt, der Mensch lebte nach dem Tod nur ein Schattendasein. Bei der Überwindung aller Todeskräfte dringt Christus auch in das Reich der verstorbenen Seelen ein. Seitdem kann jeder Mensch, der sich mit seinem Geist verbindet, auch nach dem Tod das helle Licht des Ichbewusstseins ausstrahlen.

Eine dritte Höllenfahrt des Christus, die in eine wahrhafte Himmelfahrt verwandelt wurde, ist sein Eindringen in alle Kräfte der Erde, in alle Reiche der Natur. In seiner Freiheit kann der Mensch die Natur sowohl als Himmel wie auch als Hölle erleben. Sie wird ihm zum Himmel, wenn er im Umgang mit ihr die Freiheit seines Geistes erlebt, sie wird zur Hölle, wenn er an ihr die Erfahrung machen muss, dass seine Freiheit eine Illusion ist. Wenn es Freiheit geben soll, muss beides möglich sein. Vor der Zeitenwende war die Natur immer einseitiger zur Hölle geworden: Der Mensch empfand sich immer ohnmächtiger ihren Kräften gegenüber. So nimmt das Wesen voller Liebe zur Freiheit des Menschen Brot und Wein – stellvertretend für alles Feste und Flüssige – und weiht die Erde zum Leib seines Geistes: «Dies ist mein Leib, dies ist mein Blut», sagt er zu seinen Jüngern beim Abendmahl. Seine Liebe durchdringt seither alle Kräfte der Natur derart, dass ihnen der Stachel der Allmacht gegenüber dem Menschen genommen wird. Jedes Blatt oder Gras wächst nach Christus, mit Christus, anders als vor der Zeitenwende. Alle Kreatur liebt fortan die Freiheit des Menschen, durch die auch sie befreit werden soll. Der Mensch *kann* jede Notwendigkeit – sei es der Natur- oder der Karmakräfte – in eine Erfahrung der Freiheit seines Geistes, der Phantasie seiner Liebe verwandeln: Jede Wahrnehmung kann in seinem Denken als Begriff auferstehen, jedes Schicksalsereignis kann in seinem Wollen in eine Chance der Liebe verwandelt werden.

Christus kann am Kreuz dem sterbenden Schächer neben ihm versprechen: «Heute wirst du mit mir im Paradies sein!» Jeder Mensch kann bei seinem Tod mit Christus eine Himmelfahrt feiern. Er kann den Tod von einer Höllenfahrt der Bewusstseinsverdunkelung in eine Himmelfahrt der Auferstehung seines Geistes verwandeln. Die dreifache Höllenfahrt des Christus kann in ihm zu einer dreifachen Himmelfahrt – einer geistigen, einer seelischen und einer körperlichen – werden. Das Christus-Ereignis ist ein geistiges Ereignis in der Welt der Engelhierarchien, ein Seelisches in der Innerlichkeit der Menschen und ein Körperliches in den Tiefen der Erde. Die Menschwerdung, der Tod und die Auferstehung des Christus ist in dreifachem Sinne ein kosmisches Ereignis: Es ist zugleich eine himmlische, eine menschliche und eine irdische Tatsache.

Das Mysterium von Golgotha als ökologisches Urphänomen

Das Ereignis von Palästina kann im goetheschen Sinne als ökologisches Urphänomen betrachtet werden. In dem Christusgeschehen drückt sich urbildhaft aus, wie das Wesen voller Liebe mit der Erde umgeht. In der Beziehung zwischen dem Christus und der Erde finden wir das Vorbild für den Umgang des Menschen mit seiner Erdenmutter, die allen Geschöpfen auf der Erde das Leben gibt.

In der Art und Weise, wie Christus stirbt, zeigt sich das neue Umweltbewusstsein. Das Blut fließt aus den Wunden des Erlösers in die Erde hinein und bewirkt eine gewaltige Umwandlung aller Erdkräfte. Rudolf Steiner schildert, wie dieses Ereignis von einem unsichtbaren, übersinnlichen Geschehen begleitet wird, das er die «Ätherisation des Blutes» nennt. Das Blut des Jesus von Nazareth ist ein einzigartiges Blut: Durch das Wohnen des Christus in Jesus ist dieses Blut von allen Kräften des Egoismus geläutert worden. Es ist geheiligt worden durch die Kräfte der Christusliebe. Beim Herunterströmen des Blutes von den Wunden bekommt die Erde durch dieses Blut eine neue geistige Aura. Durch die Ätherisation des Blutes des Erlösers werden in der Erde Kräfte erzeugt, die jeden Menschen befähigen, allen Egoismus, der seinen Niederschlag im Blut findet, in Liebe zu verwandeln.

Die Verwandlung der geistigen Aura der Erde beim Tod des Christus wird von Rudolf Steiner so geschildert: Wenn ein Mars- oder ein Venusbewohner die Entwicklung der Erde vor dem Kommen des Christus hätte verfolgen können, hätte er durch die Jahrtausende keine wesentliche Änderung an ihr wahrgenommen. Aber beim Sterben des Christus am Kreuz hätte er eine schlagartige Aufhellung in der Aura der Erde beobachten können. In jenen Augenblicken begann die Erde in neuem Licht aufzuleuchten, in neuen Farben zu erglänzen. Sie zeigte in ihrer geistigen Atmosphäre die Gegenwart all der Kräfte der Liebe, in die sie der Christus wie mit einer warmen Strahlenhülle gekleidet hat.

Im Laufe der zweiten Hälfte der Entwicklung kommt jeder Mensch wiederholt auf die Erde, um in der warm leuchtenden Christusaura der Erde zu leben. Je mehr ein Mensch sich bemüht, die Liebe des Christus in sich aufzunehmen, umso größeren Anteil hat er an der Siegeskraft, die allen Egoismus in Liebe verwandeln kann. Die Liebe zu Christus wirkt unmittelbar auf das Blut des Menschen – ihm zu folgen, ihn nachzuahmen, erzeugt eine Kraft, die den Tod des Körpers besiegen kann.

Eine andere Seite dieses ökologischen Urphänomens ist die Art und Weise, wie der Leib des Christus durch die Grablegung von der Erde aufgenommen wird. Nur formloser Staub war von jenem Körper übrig geblieben, den die Liebe des Christus ganz und gar verzehrt hatte. Seine strahlenden Gedanken, seine brennende Liebe haben die Materie des Körpers zum Urzustand von Staub und Asche zurückgeführt. Voller Freude bebte die Erde beim Tod des Wesens voller Liebe, das ihr die Erlösung brachte. Durch eine Spalte, die das Erdbeben öffnete, drang dieser Staub in die Erde hinein. Stellvertretend für alle ihre Kinder öffnete die Erde ihren Mund und empfing die Kommunion des Leibes des Erlösers, der sie beim Sterben mit seinem Blut durchtränkt hatte. Das ist das Rätsel des leeren Grabes, von dem der Auferstehungsleib des Christus, ein rein übersinnlicher Leib, emporstieg. Dieser geistige Leib besteht aus allen Kräften, die dem physischen Körper des Menschen die ichgemäße Form verleihen.

Die erste ökologische Aufgabe des Menschen ist die Wandlung des Blutes – die Verwandlung von allem Egoismus in die Wärme der Liebe; seine zweite Umweltaufgabe ist die Wandlung des Leibes – die Verwandlung jeder Wahrnehmung in das Licht des Denkens. Das Menschendenken kann die irdische Schöpfung von aller Schwere, von jeder toten Form erlösen. Der Mensch kann alle Dinge erkennen und lieben, er kann ihnen allen einen «Auferstehungsleib» verleihen. Das tut er, wenn er den göttlichen Gedanken, der den sichtbaren Dingen zugrunde liegt, in seinem Denken auferstehen lässt. Indem er in jeder Lebenslage eine neue Intuition seiner Liebe verwirklicht, verwandelt er die ganze Erde in einen Auferstehungsleib von Weisheit und Liebe.

Natürliche und moralische Ordnung werden wieder eins

Das Ereignis von Golgotha kann vor allem deshalb als öko-logisches Urphänomen gelten, weil sich in ihm die mora-lische und die natürliche Ordnung wieder vereinen. Wir Menschen haben uns daran gewöhnt, diese zwei Bereiche des Lebens so zu erleben, als verliefen sie nur nebenein-ander. Auf der einen Seite gibt es die natürliche Ordnung mit ihren Naturgesetzen und -kräften, auf der anderen Seite die Innerlichkeit des Menschen mit ihren Gedanken, Emotionen und sittlichen Idealen. Die Welt der moralischen Werte wird so erlebt, als ob sie der anderen Welt nichts an-haben könnte, während sie selbst von dieser zutiefst beein-flusst wird. Die Ideale des Menschen bleiben den Kräften der Natur gegenüber ohnmächtig. Sie können nicht wie ein Erdbeben, wie ein Sturm oder ein Vulkanausbruch wirken.

Auch die Trennung zwischen natürlicher und moralischer Ordnung gehört zum Sündenfall des menschlichen Bewusstseins. Die Entwicklung musste dahin gehen, dass dasjenige, was der Mensch in seiner Innerlichkeit erlebt, keine unmittelbar sichtbare Auswirkung auf die äußerliche Welt erkennen lässt. Nur auf diese Weise ist menschliche Freiheit möglich. Der Mensch könnte sich nicht frei fühlen, nicht frei handeln, wenn jeder Gedanke, jedes Gefühl, jeder Willensimpuls unmittelbare Folgen auf die Natur in ihm und außerhalb von ihm hätte. Er kann sich nur dank der Tatsache frei fühlen, dass die moralische Ordnung oder Unordnung, die er in sich birgt, nicht unmittelbar erkennbare Folgen für das Naturgeschehen hat.

Diese «Trennung» zwischen moralischer Ordnung und Naturordnung ist allerdings nur im Bewusstsein des Menschen vorhanden. Sie ist eine Bewusstseinstäuschung, und wie die irrtümliche Vorstellung der Trennung zwischen Mensch und Mensch hat sie auch den Sinn, dem Menschen die Aufgabe zu geben, sie zu überwinden. Ein wesentlicher Unterschied zwischen dem göttlichen und dem menschlichen Wirken besteht darin, dass das göttliche Wirken sich unmittelbar auf die Natur auswirkt, immer zugleich Naturwirken ist. Die Gedanken der göttlichen Wesen sind immer auch Taten in den Naturreichen. Die Gedanken und Willensimpulse des Menschen haben dagegen wenig Einfluss auf Naturgesetze und Naturkräfte. Zwar wirken die Gedanken des Menschen auch in seine Umwelt hinein, aber die unmittelbare Auswirkung, die seine Innerlichkeit auf seinen Körper und auf die Umwelt hat, ist zunächst sehr begrenzt.

Das «gefallene», getrübte Tagesbewusstsein vermag nicht im Einzelnen abzusehen, welche Folgen die Gedanken und die Taten der Menschen auf das Weltgeschehen haben – besonders wenn bisweilen ein Abstand von Jahrhunderten zwischen Ursache und Wirkung liegt. Der heutige Mensch weiß zum Beispiel nicht, welche Folgen seine moralische Entwicklung in der Jugend in der zweiten Hälfte des Lebens auf seinen Körper hat. Nur mit Zeitabstand treten im physischen Bereich die Folgen der moralischen Entwicklung auf. Diese «Verzögerung» erschwert es dem Menschen zu erkennen, welche Ursachen welche Wirkungen hervorbringen. Die Naturwissenschaft beschränkt sich sicherheitshalber auf die Untersuchung von den Ursachen und Wirkungen, die unmittelbar im Raum und in der Zeit aneinander grenzen oder aufeinander folgen. Für die Mechanik taugt diese Forschungsart vorzüglich, für die Phänomene des Lebens schon nicht mehr – geschweige denn für das Wirken von Seelischem und Geistigem.

Wenn die Trennung von moralischer Ursache und Naturwirkung dem Menschen das Erleben der Freiheit gebracht hat, so hat sie aber auch in seinem Bewusstsein eine starke Entfremdung von der Natur bewirkt. Aber auch diese Entfremdung wird durch dasjenige überwunden, was das Christusbewusstsein nicht nur innerhalb der Menschheit, sondern auch in allen Kräften der Erde vollbringt. Das Moralische wartet darauf, als Naturereignis erlebt zu werden – als das, was es in Wirklichkeit ist. Das allmähliche Erlangen eines göttlichen Bewusstseins besteht gerade darin, dass der Mensch in seinem Geist, in seiner moralischen

Phantasie immer schöpferischer auf die Natur einwirkt. Er soll immer mehr Anteil an der Schöpferkraft des göttlichen Geistes bekommen, immer unmittelbarer, immer kräftiger und bewusster auf das Naturgeschehen einwirken.

Das Wesen voller Liebe ist auf die Erde gekommen, um seine Sonnenmoralität, die Gesamtkräfte seiner Liebe, mit allen Geschöpfen der Erde zu verbinden. Es will die Erde, die gesamte natürliche Ordnung, in eine neue Sonne verwandeln, in eine moralische Ordnung voller Weisheit und Liebe. Und der Mensch kann ihm nachfolgen, er kann immer wesenhafter an dieser kosmischen Wiedervereinigung der natürlichen und der moralischen Ordnung teilhaben.

Die Evangelien überliefern keine bloßen Bilder, wenn sie schildern, dass im Augenblick des Todes des Sonnengeistes die Sonne sich verfinsterte und die Erde bebte. Sonne und Erde nahmen innigen Anteil an diesem Ereignis, weil es sie zutiefst anging. Das Urphänomen des Moralischen, die Selbsthingabe aus Liebe, ist zugleich das Urphänomen aller natürlichen Ordnung. Alle Reiche der Natur haben sich über Jahrtausende hinweg dem Menschen hingegeben, um seine Menschwerdung möglich zu machen. Im Laufe seiner Entwicklung wird der Mensch die Liebe, die ihm durch alle Geschöpfe der Erde entgegengebracht wurde, mit der moralischen Liebe seiner Freiheit vergelten. Die dem Christusereignis nachfolgenden Jahrtausende dienen der Nachfolge des Christus. Der Mensch wird in der Nachahmung des Wesens voller Liebe Stufe um Stufe die Wiedervereinigung von moralischer und natürlicher Ordnung, von Sonne und Erde vollziehen.

Die Einweihung als geschichtliche Tatsache

Der Tod und die Auferstehung des einheitlichen Geistes der Menschheit stellen eine geschichtliche Tatsache dar, die alle Einweihungserfahrungen der alten Mysterien in die Erfüllung bringt. Die Erfahrung des Todes noch während des Lebens war allen alten Einweihungsriten der verschiedenen Religionen gemeinsam. Das Nichtsein der Welt der sinnlichen Erscheinungen wurde im Aufleben in der Wirklichkeit des Geistes zur überzeugenden Selbsterfahrung. Das war die «Einweihung» – die Erfahrung der Wirklichkeit des Geistes und der Vergänglichkeit von allem äußerlich Sichtbaren. Im Tod und in der Auferstehung des Ich der Menschheit ereignete sich die «Einweihung» aller Menschen als geschichtliche Tatsache auf der Bühne der menschlichen Geschichte. Die Einweihung wurde durch Christus öffentlich und dadurch *allen* Menschen zugänglich gemacht. Im historisch überlieferten Tod und in der Auferstehung des Christus wird die alte Einweihung für alle Menschen wahrnehmbar und als Folge auch denkbar.

Jede Wahrnehmung ist für den Menschen als denkender Geist eine Herausforderung, sich einen Begriff darüber zu bilden. Vor zweitausend Jahren ereignete sich vor den Augen der ganzen Welt dasjenige, was in alten Zeiten nur in der Verborgenheit der Mysterien geschehen konnte. Es war früher nur die Erfahrung von wenigen Auserwählten, sie konnte noch nicht zur allgemeinen Wahrnehmung werden, noch nicht mit denkendem Ichbewusstsein von jedem durchdrungen werden. Als Vorwand für die Entscheidung, den Jesus von Nazareth zu Tode zu bringen, führen die Hohenpriester seinen Verrat der Mysterien an. Diesen Verrat sehen sie ganz besonders in der Auferweckung des Lazarus, die eine öffentliche Einweihung darstellt.

Das Allgemeinmenschliche des Christusimpulses besteht darin, dass die Erfahrung der geistigen Welt allen Menschen gleichermaßen ermöglicht wird. Die alte Initiation verwandelt sich in einen inneren Entwicklungsweg, den der Mensch nur in seiner vollen Freiheit gehen kann. Während der drei Jahre seines Lebens auf der Erde hat der Christus die Seele jedes Menschen dem Geist geweiht. Er hat jeder Menschenseele die Worte des Weltenwortes hörbar gemacht, hat jeden Menschen zum Zeugen seiner Taten werden lassen. Seit jener Zeit kann jeder Mensch immer tiefer in das geistige Wesen der Welt eindringen, jeder kann das geistige Wort hören und über die «Zeichen» des Wesens voller Liebe nachsinnen.

Die «Nachfolge» des Christus, von der die Überlieferung spricht, ist nicht ein passives Sichhingeben dem, was ein anderer gesagt oder getan hat. Den Geist der Erde und der Menschheit nachzufolgen bedeutet, immer tiefer in das Menschliche einzudringen, von dem der Christus die höchste Offenbarung ist. So kann auch die Kluft zwischen Mensch und Gott allmählich überbrückt werden. Die Entscheidung des Sonnengeistes, die Einweihung der alten Mysterien zur Erfüllung zu bringen, sie zur öffentlich wahrnehmbaren Tatsache zu machen – diese Entscheidung, diese historische Tat, ist das wirksame Wesen des Christentums. Mit der in aller Öffentlichkeit vollzogenen Auferweckung des Lazarus schaffte Christus den Übergang von der alten zur neuen Einweihung, die er eine Woche später selber auf Golgotha vollbrachte.

Der verkörperte Geist des Menschen kann nur dasjenige denken und verstehen, was er mit seinen Sinnen wahrnimmt. «Das Wort ist Fleisch geworden, ist gestorben und ist wieder auferstanden», diese frohe Botschaft will sagen: «Das geistige Wesen aller Dinge, das kosmische Wort, der schöpferische Gedanke, hat sich durch Jesus von Nazareth den menschlichen Sinnen in Worten und Taten wahrnehmbar gemacht, in seinem Leiden, in seinem Tod und in seiner Auferstehung!» Das Göttliche, das der Mensch immer und überall sucht, hat sich gezeigt, es ist vor aller Augen in einem geschichtlichen Ereignis offenbar geworden. Die Gottheit hat auf die religiöse Sehnsucht aller Menschen geantwortet, sie hat sich allen Menschen sichtbar gemacht.

In der alten Einweihung wurde nach dreieinhalb Tagen der Einzuweihende aus der geistigen Welt in seinen fleischlichen Körper zurückgerufen. Nach dreieinhalb Tagen tritt der Christus in seinen neuen Körper ein – in die Erde – und macht aus ihr den Himmel aller Menschen. Seit jener Zeit braucht der Mensch nicht mehr den Geist, den «Himmel», weit weg von der Erde zu suchen. Die geistige Welt ist unter uns, sie ist mit uns, sie lebt in jedem Menschen, in allen Geschöpfen der Erde. Die Erde ist der verkörperte Logos, der schöpferische Gedanke ist überall sichtbar, dem Denken jedes Menschen nachvollziehbar.

VI.

ISLAM UND CHRISTENTUM

Die Betrachtung der Ereignisse an der Zeitenwende hat uns in gewissem Sinne auf den höchsten Gipfel der Menschheitsentwicklung geführt. Von dort aus lässt sich eine Überschau über die großen Ideale der Menschheit gewinnen. Wie Petrus auf dem Berg der Verklärung so muss auch jeder Mensch lernen, dass das Atmen der reinen Luft auf diesem Gipfel erst der Anfang eines langen Weges ist, auf dem dasjenige, was man im Denken als Ziel erblickt hat, im Alltag nach und nach zum Leben wird. Der Gedanke ist nur der Beginn der Handlung, erst das Handeln bringt den Gedanken zur Vollendung. Petrus wollte drei Zelte auf dem Tabor, auf dem Berg der beschaulichen Betrachtung aufschlagen, und Christus sagt ihm: Wer Zelte auf dem hohen Berg aufschlägt, wird früher oder später dort auch Wurzeln schlagen. Er wird unfähig, zu den Niederungen des Alltags zurückzukehren, um jeden Tag mit neuen Zielen aufzubrechen.

Was der Mensch zunächst in seinem Denken intuitiv erfasst, wird nur dann Wirklichkeit, wirklichkeitsdurchtränktes Leben, wenn er «vom Berg herabsteigt», wenn er sich in die Täler des irdischen Daseins hinunterbegibt, um dem geistig Geschauten eine Form zu geben. Steigen also auch wir in unserer Betrachtung der Religionen des Menschen vom «Berg» Golgotha herab und stürzen uns in den Alltag der zweitausend Jahre, die auf das Ereignis von Palästina gefolgt sind.

Das petrinische Christentum wollen wir nun betrachten: Wovon müssen wir zuallererst ausgehen, wenn wir vom Wirken des Christus zu den Taten der Menschen übergehen? Doch davon, dass der Mensch erst am Anfang der Verwirklichung dessen steht, was sich im Mysterium von Golgotha als Ideal aller künftigen Entwicklung gezeigt hat. Und in der Tat: In diesen ersten zwei Jahrtausenden des Christentums herrschte in vielen Gemütern das tiefe Gefühl – ein Gefühl, das sonst «Glaube» genannt wird –, dass die Worte und Taten des Christus die «Erlösung» jedes Menschen darstellen. Nur wird diese Erlösung zunächst fast ausschließlich als Geschenk der «Gnade» aufgefasst, die jedem zuteil wird, der ihr in Andacht seine Seele öffnet.

Die Religion der Menschen wurde nach der Zeitenwende nicht schlagartig vollkommener als davor, ganz im Gegenteil. Vor der Zeitenwende war die Menschheit von göttlicher Offenbarung inspiriert, von unfehlbarer göttlicher Gnade geleitet. Die Zeitenwende besteht gerade darin, dass die göttliche Gnade der Freiheit des Menschen immer mehr Raum gewährt. Die Vollkommenheit der Bhagavad-Gîtâ – wir haben es gesehen – wird vom «Stammeln» des Menschen ersetzt, wie es sich in den Paulus-Briefen ankündigt. Die zweitausend Jahre nach dem Mysterium von Golgotha kann man als die Kindheit jener neuen Religion betrachten, in der die menschliche Freiheit nicht weniger moralisches Gewicht hat als die göttliche Gnade. Sie kann nur ein zaghafter Anfang sein, der aber den Keim für eine lange Entwicklung in sich trägt.

Die Freiheit als Maßstab
für das Gute und das Böse

Nach der Zeitenwende tritt die Entwicklung in ihre entscheidende Phase ein, in der die Freiheit des Menschen zum höchsten moralischen Wert wird. Selbst die göttliche Gnade stellt sich in den Dienst der menschlichen Freiheit, indem sie alle Werkzeuge, alle Bedingungen bereitstellt, die dem Menschen nötig sind, um in der Freiheit des Geistes zu leben. Wir haben bereits gesehen, dass die «Fülle der Zeiten» dann gegeben ist, wenn alle Bedingungen für das Leben in Freiheit «erfüllt» sind, wenn dem Menschen nichts mehr von dem fehlt, was er zum Wahrnehmen seiner Verantwortung benötigt. Freiheit setzt immer eine Wahlmöglichkeit voraus, und das heißt: Zu den für die Freiheit notwendigen Bedingungen gehören auch die Gegenkräfte – die bekannten «Verführer» oder «Widersacher» –, die einen dazu drängen, zu weit links oder zu weit rechts, zu langsam oder zu schnell zu gehen. Jede Kraft kann nur in der Auseinandersetzung mit ihrer Gegenkraft stärker werden.

Die Wende seiner Entwicklung kann also für den Menschen nur darin bestehen, dass er in jedem Augenblick vor einen Scheideweg gestellt wird. Solange die Freiheit noch in Vorbereitung war, schritt die Evolution auf einem eindeutigen Weg voran, der Mensch befand sich, durch Offenbarung und Gebote von der Gottheit geführt, auf dem für ihn besten Weg. Nach der Wende zeichnet sich der Scheideweg immer deutlicher im Bewusstsein des Menschen ab – und in jeder Lebenslage, in jeder Handlung muss er eine Wahl treffen. Die Freiheit selbst wird immer mehr zum Maßstab für das Gute und das Böse: Gut ist alles, was den Menschen freier macht, böse alles, was ihn in Abhängigkeiten verstrickt.

Der Mensch vor der Zeitenwende war religiös, indem er der Gottheit gehorchte; danach kann er nur dadurch religiös sein, dass er in der Freiheit lebt, weil die innere Freiheit zum neuen göttlichen Gebot, zum obersten Angebot der göttlichen Liebe wird.

In der Erfahrung der Freiheit ist alles Gute enthalten: Nur der ganz freie Mensch ist vollkommen gut. Das Wahre und das Gute in Freiheit zu verwirklichen, ist nicht eine Eigenschaft des Menschen unter anderen, sie ist sein Wesen. Was den Menschen seiner Freiheit beraubt, macht ihn unmenschlicher, was ihn befreit, bringt ihn seiner vollen Menschlichkeit entgegen.

Das «petrinische» Christentum und der Materialismus

Im Evangelium nennt Christus einen der zwölf Apostel «Petrus», zu Deutsch «Stein». Er ist der Mensch, der sich nach der Zeitenwende immer tiefer mit den mineralischen Kräften der Natur verbindet – ja verbinden muss. Zu diesem «Petrusmenschen» sagt Christus, er solle ihm «gleich folgen», während der Schüler hinter ihm, jener, den der Meister «liebte», bis zu seiner geistigen Wiederkehr zu warten hat (vgl. Johannes 21, 19-22).

Das Schicksal von Petrus gleicht jenem der zweitausend Jahre Christentum, die unmittelbar auf das Christusereignis «folgen». In dieser ersten Zeit nach der Zeitenwende muss die Menschheit den tiefsten Punkt des Materialismus, der Verdunkelung des Geistes, erreichen: Nur in der Auseinandersetzung mit den stärksten Gegenkräften, in der Überwindung des theoretischen und praktischen Materialismus, kann der Mensch die tiefste, umfassendste Erfahrung seiner Freiheit als schöpferischer Geist machen. Auch für den Materialismus gilt: Die wichtigste Voraussetzung dafür, ihn zu besiegen, ist, dass es ihn gibt. Jeder Mensch muss durch das Nadelöhr seiner Entwicklung, durch jene Durststrecke, in der die materialistische Gesinnung seine Art zu denken und zu handeln fest im Griff hat. Nur so kann er jene Gegenkraft erleben, die er braucht, um als freier Geist zu leben.

Die Worte des Christus über Petrus und den Lieblingsschüler sagen noch etwas anderes aus: Christus ist gekommen, um in jedem Menschen die Kräfte zu erwecken, durch die er im Streben nach dem Guten seine Freiheit ergreifen kann. Das menschliche Handeln steht im Gegensatz zum Wirken der Natur; die Natur wirkt mit Notwendigkeit, sie schließt jede Freiheit aus. Christus macht aber jeden Menschen fähig, zu der Welt der Natur eine neue Welt *hinzuzufügen*, die nicht den Naturgesetzen untersteht, die allein dem freien Schaffen des Menschen zu verdanken ist. Diese neue Welt entsteht im Menschen durch die Intuition seines Denkens, durch die Phantasie seiner Liebe. Aber das Wesen voller Intuitionen und voller Liebe kann dem Menschen das Angebot der Freiheit nicht aufdrängen, weil die Liebe nicht eingefordert werden kann. Der Christus kann Gelegenheiten bieten, er kann Talente erwecken – jeder Mensch bleibt aber frei, die Gelegenheiten, die sich ihm bieten, zu ergreifen, er bleibt immer frei, seine Fähigkeiten einzusetzen. Um frei zu sein, muss der Mensch die ihm angebotenen Möglichkeiten *selbst* ergreifen. Das Leben bietet jedem Chancen in Fülle, entscheidend ist, wie jeder dazu Stellung nimmt.

In der Kindheitsstufe der Freiheit behalten göttliche Gnade und Naturwirken weiterhin eine entscheidende Rolle. Von dem, was als Spielfeld der freien Initiative der Menschen vorgesehen ist, kann der Einzelne am Anfang nur wenig ergreifen. Die Natur, die keine Freiheit kennt, bleibt hingegen weiterhin uneingeschränkt am Werk. So konnte es nicht anders kommen: Auch in den ersten zweitausend Jahren nach der Zeitenwende wurde der Mensch weit mehr von außen geprägt als von dem, was die zarten Sprossen der Freiheit hervorbringen konnten. Aber vom Gesichtspunkt der moralischen Entwicklung ist der Wert dieses zarten Keimes viel gewichtiger als all dasjenige, was die Natur zustande bringen kann.

Naturwissenschaft:
christlich oder islamisch?

Aufgrund des Gewichts, das der Islam der Allmacht Allahs zuspricht, gehört auch er der gerade erwähnten Entwicklungsstufe des «petrinischen Christentums» an. Dieses Christentum unterscheidet sich in all dem, was es bisher real hervorgebracht hat, weit weniger vom Islam, als man vielleicht auf den ersten Blick annehmen könnte. In der Geschichte war der Islam nie schlechthin der Gegensatz zum Christentum. Im wirklichen Leben hat es niemals das Christentum oder den Islam im Idealzustand gegeben. Es waren immer Menschen aus Fleisch und Blut, die einander gegenüberstanden, die sich Christen oder Muslims nannten und nennen. Wichtig ist, näher zu schauen, was in diesen Menschen real gelebt hat und lebt, nicht nur, zu welcher Religion sie sich in der Theorie bekennen. Denn «Christentum» und «Islam» werden oft genug als bloße Schlagworte verwendet.

Die ersten zweitausend Jahre nach der Zeitenwende lassen sich so einteilen: Das erste Jahrtausend ist mehr vom Glauben geprägt worden, das zweite von der Wissenschaft. Der traditionelle christliche Glaube erwartet das Heil des Menschen von der Gnade Gottes, von einem Gott, der nicht viel weniger allmächtig gesehen wurde als der Gott der Thora oder des Korans. In den letzten Jahrhunderten hat im christlichen Westen die Naturwissenschaft zunehmend den Glauben an die Allmacht Gottes durch den Glauben an die Allmacht der Natur ersetzt – an die Naturgesetze, an das deterministische Wirken der Naturkräfte. In beiden Fällen ist die Freiheit des Menschen, konsequent gedacht, eine Illusion – im ersten Fall der Allmacht Gottes, im zweiten der Allmacht der Natur gegenüber.

Vor allem in der Wirklichkeit des Lebens ist die Freiheit sowohl von der Religion als auch von der Wissenschaft immer wieder in Frage gestellt worden. Die Religion hat einen guten Menschen entworfen, der weit mehr vom Glauben als von der Erkenntnis, von der Gnade weit mehr als von der Freiheit leben soll. Die Verneinung der Freiheit in der Naturwissenschaft besteht ihrerseits darin, dass sie nur Naturdeterminismen kennt, nur die Gesetzmäßigkeit der Biologie oder die Beeinflussung durch die Umwelt. Eine entscheidende Frage, die man an den heutigen Wissenschaftler richten kann, ist die, was es für den Menschen bedeutet, wenn Himmel und Erde vergehen – also die Umwelt nicht mehr vorhanden sein wird – oder wenn der einzelne Mensch stirbt. Wenn er konsequent denkt, muss er den Tod als Ende des ganzen Menschen betrachten.

Diese zweifache Einschüchterung des Menschen – durch Religion und Wissenschaft – in Bezug auf die Wahrheit über sich selbst entspricht dem Geist des Korans mehr als dem Geist des Evangeliums.

Der Siegeszug der Wissenschaft mit ihren technischen Errungenschaften hat im modernen Menschen eine Art von innerem Rausch hervorgebracht, der ihn fast hypnotisiert, ihn fast besessen gemacht hat. Der Fortschritt bezog sich aber bislang nur auf das Körperlich-Äußerliche, Fortschritte im Umgang mit dem Seelischen und dem Geistigen hat es kaum gegeben. Für die Nahrung der Seele hat der materialistische Westen immer mehr zu der alten östlichen Spiritualität Zuflucht genommen. Diese Spiritualität betrachtet aber, wie wir gesehen haben, die irdische Welt als Maja, als Illusion – jene irdische Welt, die der westliche Wissenschaftler als einzige Realität anerkennt.

Eine solche Spiritualität kann demzufolge nur weiter dazu beitragen, dass der Mensch in zwei getrennten Welten lebt, wie auf zwei verschiedenen Lebenswegen: das Leben des Spiritualisten auf der einen und das Leben des Materialisten auf der anderen Seite. Es wird einerseits eine Spiritualität gepflegt, die keinen Anspruch erhebt, das reale Leben konsequent zu gestalten, und andrerseits etabliert sich unerbittlich die harte Welt der Egoismen und der grenzenlosen Begierden. Als Folge dieser inneren Spaltung wird der menschliche Geist der materiellen Welt und dem Alltag gegenüber immer ohnmächtiger. Er erlebt sie als eine Welt, die ihn erdrückt, die ihm mehr und mehr Angst macht. Innerlich fühlt er sich immer schwächer in seiner Seele, immer ohnmächtiger in seinem Geist.

Die neuzeitliche Naturwissenschaft hat ihre Wurzeln im Arabismus, sie ist im Wesentlichen unter Ignorierung des christlichen Geistes entstanden. Sie sieht nicht in der Seele – wenn sie überhaupt noch von Seele redet –, nicht im Geist den Urheber dessen, was im Körper geschieht, sondern umgekehrt: Das Biologische, die neurologische Konstitution gilt als Ursache alles dessen, was in der Seele erlebt wird.

Eine Erklärung für den arabisch-islamischen Charakter der modernen Naturwissenschaft gibt Rudolf Steiners Erforschung der Wiederverkörperungen einzelner Individualitäten. Er schildert, wie dieselben Individuen, die ihre ganzen Kräfte in der zweiten Hälfte des ersten Jahrtausends der Verbreitung des Islam gewidmet hatten, Jahrhunderte später auf die Erde zurückkehrten, um mit nicht geringerer Stoßkraft die moderne Naturwissenschaft zu begründen. Die Richtung ihres inneren Bestrebens ist dieselbe geblieben: Im früheren Leben wirkten sie im Dienste des allmächtigen Allah, und im späteren galten ihre Gedanken und ihre Taten der Allmacht der Natur. Diejenigen, die im früheren Leben die Führer in der Verbreitung des Islam waren, wurden im christlichen Westen zu den führenden Wissenschaftlern der letzten Jahrhunderte. Dem Christentum, das sie damals in den Eroberungskriegen des Islam nicht niederringen konnten, konnten sie später den Boden entziehen, es von innen beinahe unmerklich aushöhlen durch eine Naturwissenschaft materialistischer Prägung. So besehen, erscheint die Geschichte des Christentums und die des Islam in einem ganz anderen Licht, als sie oft dargestellt wird.

Eine neue Religion nach der Zeitenwende?

Der Islam ist die einzige Weltreligion, die nach der Zeitenwende entstanden ist. Wenn das Wesen des Christentums so erfasst wird, wie auf diesen Seiten dargestellt, ergibt sich daraus auch sein endgültiger und universeller Charakter. Mit dem christlichen Universalismus ist die Tatsache gemeint, dass im Christusereignis alle dem Menschen erreichbaren Entwicklungsschritte vorweggenommen und jedem ermöglicht wurden. Die Gründung einer neuen Religion nach der Zeitenwende kann nur unter Ignorierung des Christusimpulses erfolgen – oder als entwicklungsfördernde Gegenkraft zu ihm. Im Vortrag vom 13.4.1922 führt Rudolf Steiner dazu aus: «*Mit dem Ereignis, das darin besteht, dass ein Gott durch das Menschenschicksal der Geburt und des Todes gegangen ist, hat die Erde ihren Sinn bekommen, so dass dieses Ereignis niemals ‹überboten› werden kann. Nach dem Christentum – das ist ganz klar für den, der die Begründung des Christentums kennt – kann eine neue Religion nicht mehr begründet werden.*»

Die Religion vor der Zeitenwende war die Suche des Menschen nach einer Wiederverbindung mit dem Göttlichen. Das Christusereignis kehrt das religiöse Phänomen um: Die Gottheit kommt dem Menschen entgegen und verwandelt sein Suchen in ein Finden. Indem der Mensch eine persönliche Verbindung mit Christus sucht, nimmt er seine religiöse Entwicklung immer mehr selbst in die Hand. Das religiöse Streben wird nach der Zeitenwende nicht mehr von einem besonderen Volk oder von einer Kultur bestimmt. Der einzelne Mensch erlebt verstärkt, was für alle Menschen und für jeden Menschen auf gleiche Weise gilt: Das Allgemeinmenschliche, das im Individuum lebt, kann nicht das Monopol einer besonderen Kultur oder einer Kirche sein.

Das Endgültige wird in der menschlichen Entwicklung in dem Maße erreicht, in dem das freie Schaffen des Menschen einen nicht geringeren moralischen Wert bekommt als das Wirken der göttlichen Gnade oder der Natur. Nur eine Religion der menschlichen Freiheit bringt das Wirken der göttlichen Gnade in die Erfüllung, so wie nur die innere Selbständigkeit des Schülers das Wirken des Lehrers zur Vollendung bringen kann.

Monotheismus und Prädestination im Islam

Die Grundeigenschaft des Islam als Religion kann in seinem strengen Monotheismus gesehen werden. Im Koran ist von allen Aussagen diese die wichtigste: «Allah ist der Einzige und Mohammed ist sein Prophet.» Wo Allah als einziger, allmächtiger Gott dargestellt wird, wird zuweilen hinzugefügt: «Und er hat keinen Sohn». Es steht Allah nicht zu, so heißt es in der heiligen Schrift der Muslims, einen Sohn zu zeugen. Eine solche Aussage, die Allah einen Sohn abspricht, kann nur in Bezug auf die Kernbotschaft des Christentums gesehen werden, derzufolge Gott der Vater seinen Sohn in die Welt gesandt hat.

In dieser grundlegenden Auseinandersetzung müssen zwei Ebenen voneinander unterschieden werden: die irdisch-menschliche und die göttlich-geistige. Die erste Ebene betrifft dasjenige, was in den Menschen vor sich geht, die eine Religion leben oder sich damit beschäftigen. Zu dieser Ebene gehört auch alles, was Mohammed als Mensch über das Christentum wusste oder dachte, und alles dasjenige, was die Christen selbst vom Christentum verstanden oder nicht verstanden haben. Auf dieser menschlichen Ebene mögen auf beiden Seiten auch Missverständnisse in Bezug auf das Christusereignis vorhanden gewesen sein. Das Christentum steht letztendlich erst am Anfang seiner Wirksamkeit. Die Art und Weise, wie manche Christen die göttliche Trinität gesehen haben, kann bei anderen den Eindruck eines Rückfalls in den Polytheismus erweckt haben. Dies kann eine psychologische Erklärung dafür sein, warum Mohammed eine strenge Rückkehr zum Monotheismus des Alten Testamentes einfordert.

Die andere Ebene der Betrachtung bezieht sich auf geistige Wesen, die höher stehen als der Mensch. Unter diesen ist auch der Erzengel Gabriel zu finden, der als Inspirationsquelle des Korans genannt wird. Dieses geistige Wesen hat sicherlich seine eigenen Absichten gehabt, indem es dem Mohammed den Satz inspiriert: «Allah ist der Einzige und er hat keinen Sohn.» Mit diesem Sohn kann nur der Christus gemeint sein, und Gabriel kann als Erzengel nur allzu gut wissen, welche Wirkung dieser Satz in der Menschheit haben kann, zumindest welche er sich damit erhofft. Und die erhoffte Wirkung kann nur die sein, dass das Bewusstsein eines «Sohnes Gottes» in der Menschheit ausgelöscht werde. Indem sie das Dasein des Sohnes verneint, kann die Inspirationsquelle des Korans auf nichts anderes als auf das Auslöschen des Christusbewusstseins abzielen. Wer bei Gott nur die uneingeschränkte Allmacht am Werk sieht, kann nicht im gleichen Maße die Berufung des Menschen zur Freiheit anerkennen.

So gesehen kann der Gegensatz zwischen «Geist des Christentums» und «Geist des Islam» nur die irdische Projektion eines Kampfes sein, der in den geistigen Welten ausgefochten wird. In der Spiegelung auf dem physischen Plan kann vieles in verzerrter Form erscheinen. Das erklärt auch, warum vieles, was als christlich gilt, vielleicht mehr islamisch als christlich ist – und umgekehrt. Aus dieser Perspektive kann man auch die heroische Natur des Kampfes verstehen, der im Mittelalter zwischen den christlichen Scholastikern und den aristotelischen Arabern stattfand.

Gabriel, der Mohammed inspiriert, ist auch dem Judentum und dem Christentum bekannt. In den Evangelien ist er der Erzengel, der die jungfräuliche Empfängnis des Jesus von Nazareth verkündet. Rudolf Steiner bestätigt aus seiner geistigen Forschung, dass dieser Erzengel Gabriel in allen Kräften der Geburt und der Vererbung in führender Weise am Werk ist.

Nach der Zeitenwende müssen sich, um die Wahl der Freiheit zu ermöglichen, in allen Bereichen des Lebens zwei Arten von Mächten gegenüberstehen. Das Christusereignis vollzieht die Wende der Zeit, gerade weil es eine Scheidung der Geister in allen geistigen Hierarchien hervorbringt. Eine Kraft und eine Gegenkraft stehen sich nach der Wende in allen Bereichen des Lebens gegenüber. Eine solche Spaltung in Geist und Gegengeist, welche dem Menschen die Wahl der Freiheit ermöglicht, musste auch in den Scharen der gabrielischen Geister erfolgen. So bestand ein Teil der Gabriel-Erzengel darauf, weiterhin so zu wirken, wie er vor der Zeitenwende gewirkt hatte – und lehnte den Christus, den Sohn Gottes ab. Diese Gabriel-Erzengel wollen weiterhin die Kräfte der Vererbung so gestalten, dass diese die Freiheit des Menschen nicht ermöglichen. Zu Recht nennt sie Mohammed «Gabriel», sie repräsentieren göttliche Wesen oder, besser gesagt, göttliche Kräfte, durch die Allah seine uneingeschränkte Allmacht in Geburt und Vererbung entfaltet.

Die andere Hälfte der gabrielischen Geister verband sich mit dem Christus, mit der Art seines Wirkens. Diese christlich gewordenen gabrielischen Geister sind seit zweitausend Jahren bestrebt, die Kräfte der Geburt und der Vererbung so einzurichten, dass der Mensch von ihnen nicht überwältigt wird, sondern dass durch sie seine Freiheit möglichst gefördert wird. Diese christlich-gabrielischen Erzengel helfen dem Menschen, die Kräfte der Natur so zu erleben wie Gewichte, deren er sich bedient, um seine Muskeln zu stärken.

Die christliche Trinität: ein Rückfall in den Polytheismus?

Es ist nicht leicht, an der Einheit Gottes festzuhalten, wenn man zugleich darauf hinweisen will, dass die Gottheit auf dreierlei sehr unterschiedliche Weise in der Welt wirkt. Man läuft dabei immer Gefahr, auf die Gottheit selbst die dreifache Art ihrer Wirksamkeit zu übertragen. Man vergisst allzu leicht, dass jede Aussage über die Natur Gottes an und für sich nichts anderes als Spekulation, als leere Abstraktion sein kann. Der Mensch, selbst der Eingeweihte, kann nicht die Erfahrung des inneren Wesens Gottes machen, dazu müsste er selbst Gott sein. Eine wirkliche Geisteswissenschaft macht deshalb keine Aussage *über die innere Natur* Gottes. Sie schildert lediglich die Art und Weise, wie der göttliche Geist in der Menschheit und in der Welt allen wahrnehmbar *wirkt*.

Wer die Phänomene der Entwicklung aufmerksam verfolgt, kann drei Arten des göttlichen Wirkens deutlich voneinander unterscheiden. Die erste sehen wir überall in der Natur. Gott der Vater wirkt mit uneingeschränkter Allmacht in allen Naturgesetzen und -kräften. Diese Art zu wirken können wir «väterlich» nennen: Es ist eine Art des Wirkens Gottes, die allem anderen vorangeht, die eine Grundlage für alles andere schafft.

Die zweite Art des göttlichen Wirkens erweckt im Menschen das innere Erleben von Gedanken, Gefühlen und Willensimpulsen. Sinneswahrnehmungen können automatisch alle möglichen Vorstellungen hervorrufen. An diesem Punkt setzt das Erlebnis der Freiheit ein. Der Mensch bekommt im Laufe seiner Entwicklung zunehmend allen Kräften der Natur gegenüber freie Wahl: Er kann sich ihnen überlassen, er kann aber auch alles, was die Natur ihm gibt, als Werkzeug gebrauchen, um etwas Eigenes hervorzubringen. Das beste Beispiel dafür ist das Denken: Jeder kann in seinem Denken einfach geschehen lassen, was die Sinneswahrnehmungen von selbst bewirken, oder er kann durch erhöhte Konzentration und Willenskraft in seinem Denken immer schöpferischer, immer erfindungsreicher vorgehen. Wenn der Mensch das Denken so erlebt, erlebt er alles Naturwirken als Werkzeug für die schöpferische Freiheit seines Geistes. Diese Art des göttlichen Wirkens im Menschen nennt das Christentum «Gottes Sohn». Der

Sohn Gottes wirkt in der Seele des Menschen nicht mit Allmacht, sondern mit Liebe: Er hilft jedem Menschen, immer schöpferischer in seinem Denken, immer liebevoller in seinem Handeln zu werden.

Die dritte Art der Wirksamkeit Gottes ist rein geistig. Sie wird vom Menschen erfahren, wenn er die anfänglich passive Haltung seiner Seele immer mehr in eine innere Tätigkeit verwandelt. Er erlebt sich dadurch immer mehr als einzigartigen Geist, er macht die Erfahrung des «Heiligen Geistes». Das Wirken des Sohnes erzeugt in der Seele die Fähigkeit, sich immer mehr zum Geist zu entwickeln. Der Christus verleiht jeder Seele das Vermögen der Freiheit. Die Erfahrung des Heiligen Geistes liegt in der in jedem Augenblick zu vollziehenden Betätigung dieses Vermögens, im Freiheitsvollzug durch geistesgegenwärtiges Schaffen.

Der strenge Monotheismus des Islam kennt nicht das Wirken Gottes als Sohn und als Heiliger Geist. Der Allmacht Gottes, der Betonung des Determinismus gegenüber kann nur eine innere Haltung des Fatalismus entstehen. Dadurch wird der Unterschied zwischen Geist und Materie für den Menschen in Wirklichkeit aufgehoben. Auch in der Innerlichkeit des Menschen – in seinen Gedanken und Gefühlen – soll die Gottheit, konsequent gedacht, mit derselben Allmacht wirken wie in der Natur. Naturnotwendigkeit und Prädestination in Bezug auf den Menschen können nur Hand in Hand gehen.

Die christlichen Scholastiker
und der arabische Aristotelismus

Man kann im Islam auch eine in wesentlicher Hinsicht notwendige Gegenkraft zum Geist des Christentums sehen. Dies hat sich in urbildlicher Form im mittelalterlichen Kampf der christlichen Scholastiker gegen die islamisch-aristotelischen Denker, allen voran Averrhoes und Avicenna, die höchsten Repräsentanten des Arabismus, gezeigt. Was verbirgt sich hinter dieser stürmischen Auseinandersetzung zwischen Christentum und Islam?

Es gibt künstlerische Darstellungen aus jener Zeit, die einen Thomas von Aquino auf dem Thron sitzend, mit einem offenen Buch in der Hand zeigen und unter seinen Füßen – nicht zu seinen Füßen, sondern unter seinen Füßen, von ihm mit Füßen getreten – die arabischen Philosophen. Man kann sich vorstellen, dass das Buch seine *Summa contra gentiles* (Handbuch gegen die Heiden) ist. Es ist ein Buch, in dem er leidenschaftlich auch gegen die arabisch-islamischen Kommentatoren des Aristoteles ins Feld zieht. Worum es dabei geht, ist unmissverständlich: Es geht um einen geistigen Kampf titanischen Ausmaßes, einen Kampf, der mit den Waffen des Geistes geführt wurde. Es ist für die christlichen Denker ein Kampf um Leben und Tod des Christentums, der die individuelle Unsterblichkeit des Menschen zum Mittelpunkt hat. Nur sind wir Menschen von heute so zugeschüttet mit Pflichten und Plackereien des materiellen Lebens, dass wir uns kaum erklären können, wie solche Fragen zu jener Zeit die Gemüter derart erhitzt haben können!

Was haben denn diese arabischen Denker Schlimmes behauptet? Lange Zeit vor Thomas hatte der einflußreiche Averrhoes eine Interpretation von Aristoteles vorgelegt, derzufolge der griechische Denker behauptet hätte, bei der Geburt werde in jeden einzelnen Menschen ein Tropfen der kosmischen Intelligenz hineingegossen, ein Tropfen des «Nus» (νοῦς), des Weltverstandes, der der gleiche sei und bleibe in allen Menschen. Es gebe keinen individuellen Verstand, kein individuell gestaltetes Denken, keine Einzigartigkeit des Einzelmenschen – so behauptet Averrhoes in seiner Interpretation des Aristoteles. Es gebe nur eine einzige kosmische Intelligenz, eine Art Weltvernunft, die in allen Menschen denke und durch alle Menschen handele. Wenn der Mensch sterbe, werde sein Tropfen Intelligenz wieder aufgesaugt von der allgemeinen Intelligenz, aus der er komme.

Nach dieser Sicht des Menschen kann man nicht von individueller Unsterblichkeit sprechen, da auch während des Lebens nichts Individuelles im Menschen vorhanden ist. Diese Deutung von Texten des Aristoteles passt gut mit der Allmacht zusammen, die Allah im Koran zugeschrieben wird: Es ist immer «Allah», einzig und allein Allah, der in allen seinen Geschöpfen, auch in den Menschen, denkt und handelt. Es ist ein Irrtum zu denken, die Menschen wären individuelle, im Denken und Handeln selbständige Wesen. Es ist gerade die Aufgabe der islamisch orthodoxen Religion, dem Menschen zu helfen, die Illusion der Selbständigkeit Gott gegenüber zu durchschauen, sie zu überwinden. Das Wesen der Religion besteht in der Unterwerfung dem uneingeschränkten, nicht in Frage zu stellenden Willen Allahs.

Die wichtige Frage stellt sich hier: Was hat Aristoteles tatsächlich behauptet? Hat er wirklich die individuelle Unsterblichkeit des Menschen geleugnet? Es ist nicht leicht, diese Frage zu beantworten, weil Aristoteles der erste große Denker war, der die Wechselwirkung der Seele mit dem physischen Körper als so entscheidend für das Selbstbewusstsein des Menschen ansah, dass er dachte, die Seele des Menschen könne nicht ohne Körper bestehen. Sie könne nur zusammen mit dem Körper entstehen, nur dank des Körpers fortbestehen. In einem gewissen Gegensatz zu Platon suchte Aristoteles den Geist am Werk in der Welt der Materie. Mit einem Geist, der getrennt von der Materie in einer rein geistigen Welt zu Hause ist, wie dies Platon annahm, konnte er wenig anfangen.

Auch die so genannte Unsterblichkeit der Seele ist für Aristoteles nur der Erinnerung zu verdanken, die der Mensch nach dem Tod vom abgelegten Körper bewahrt. Weil aber dieser Körper ein Bestandteil der Natur ist, ganz von allgemeinen Naturkräften durchdrungen, enthält er in sich nichts Individuelles. Nur wenn die Seele während des Lebens, dank ihrer Erfahrungen in und mit dem Körper, individuelle Eigenschaften erlangte, die sie auch nach dem Tod in sich bewahrt, könnte man von individueller Unsterblichkeit sprechen. Aber gerade in diesem entscheidenden Punkt sind die überlieferten Gedanken von Aristoteles, zumindest in ihrer überlieferten Form, alles andere als klar und eindeutig.

Man kann also nicht nachweisen, dass Aristoteles in aller Klarheit behauptet hätte, der Mensch bewahre auch nach seinem Tode ein individualisiertes Bewusstsein. Für die christlichen Denker des Mittelalters stand aber die arabische Deutung von Aristoteles im vollen Widerspruch zum Geist des Christentums. Sie sahen die Würde des Menschen in der Tatsache begründet, dass der Christus in seiner unendlichen Liebe jeden Menschen dazu befähigt, sich als einmaligen, selbständigen Geist zu erleben, als Geist, der Verantwortung für seine Handlungen übernehmen kann. Es war für die Scholastiker ein tiefstes Bedürfnis, nachweisen zu können, dass der Mensch ein individuelles, freies Wesen ist, fähig des Guten und des Bösen und deshalb auch unsterblich als Individualität, das heißt mit individuellen Folgen für seine Seele nach dem Tod.

Nur ist gerade in diesem entscheidenden Punkt ein arges Missverständnis entstanden. Wenn man behauptet, der Mensch sei frei, insoweit er Mensch ist, dann sagt man damit, er sei von Natur aus «frei», also nicht dadurch frei, dass er seine Freiheit selbst ergreift. Das christliche Element, das die Scholastiker verteidigen wollten, war auch für sie selbst erst anfänglich entwickelt. Sie konnten noch nicht die Freiheit und die individuelle Unsterblichkeit als Errungenschaft einer langen und freien Entwicklung sehen.

Die christlichen Denker dachten: «Der Mensch ist frei.» Die islamischen Denker antworteten: «Der Mensch ist nicht frei.» In Wirklichkeit können beide Recht haben, je nach der Art und Weise, wie der einzelne Mensch lebt und seine Entwicklung gestaltet. Jeder entscheidet selber, ob er in seinem eigenen Leben und Wirken mehr den einen oder mehr den anderen Recht gibt. Nicht aufgrund eines theoretischen Beweises, sondern durch dasjenige, was jeder aus sich macht oder nicht macht, entscheidet er über seine Freiheit. Die Grundaussage in Bezug auf die Freiheit kann also nur lauten: Jeder Mensch *kann* immer freier werden, wenn er es will – nur muss er es nicht, weil er eben frei ist. Frei ist man nicht, frei *wird* man.

Der Kampf um die individuelle Unsterblichkeit

Es ist nicht viel damit getan, zu versuchen, theoretisch die individuelle Unsterblichkeit des Menschen zu beweisen. Für den einzelnen Menschen geht es darum, durch innere Entwicklung das Denken immer lebendiger, das Wollen immer freier zu gestalten. Nur so kann das Ich des Menschen immer mehr zu einer unsterblichen Wirklichkeit werden. Durch tägliche Übung kann der Mensch immer selbständiger werden – immer fähiger, etwas Neues, Ureigenes hervorzubringen, mit schöpferischer Kraft zu wirken. Die Freiheit wird dann immer mehr zu einer inneren Erfahrung, die ebenso wenig wie Hunger oder Durst geleugnet werden kann. Dies gibt dem Einzelnen die begründete Berechtigung, davon zu sprechen, dass seine Seele immer individueller und immer unabhängiger vom Körper wird. Keiner kann nach dem Tod individueller oder selbständiger sein, als er während des Lebens geworden ist.

Rudolf Steiner schildert eindrucksvolle Seelenkämpfe, die die Scholastiker aufgrund der Einseitigkeit ihrer eigenen Gedanken erlebt haben. Tagsüber haben sie mit der ganzen Leidenschaft ihrer Seele und allen Schlussfolgerungen ihres Verstandes die individuelle Unsterblichkeit des Menschen verteidigt. Das ganze Leben des Christentums hing für sie von dieser Frage ab. Aber in ihren Träumen oder in gewissen Augenblicken ekstatischer Entrückung erschien ihnen Averrhoes – der schon lange Gestorbene – in Person und führte ihnen ganz bildhaft das Gegenteil von dem vor Augen, was sie lehrten.

Es gab damals Scholastiker, die Averrhoes als verstorbene Seele wahrnehmen konnten, die auf eine sehr überzeugende Weise sehen konnten, was er nach seinem Tod geworden war. Er hatte während seines Lebens die Auffassung vertreten, nach dem Tod bliebe nichts Individuelles vom Menschen übrig. Er hatte behauptet, die Gedanken eines Menschen lösten sich in der kosmischen Intelligenz wie ein Tropfen Wasser im Meer wieder auf.

Und jetzt erschien er den christlichen Denkern ohne individuelle Selbständigkeit, er erschien ihnen wie jemand, dessen Gedanken sich völlig aufgelöst hatten in den allgemeinen Weltgedanken! Die Gemüter der Scholastiker fühlten sich durch diese erschütternde Erscheinung beirrt, weil Averrhoes, der im Leben kein individuelles Gedankenleben geführt hatte, ihnen die Richtigkeit seiner Interpretation des Aristoteles «vor Augen führen» konnte. Die Gedanken Averrhoes über den Menschen waren eine Verneinung des individuellen Menschengeistes, und so gaben sie ihm kaum Möglichkeit, zu einem individuellen Geist zu werden. Seine Gedanken hatte er von außen empfangen, zum Beispiel von Aristoteles, ohne ihnen eine eigene individuelle Prägung zu geben. Zu wenig hatte er die moralische Phantasie geübt, die aus allgemeinen Ideen oder Idealen das individuellste Herzblut hervorzuzaubern vermag. So lösten sich in der Tat seine nicht individuell gewordenen Gedanken bei seinem Tod wieder in der allgemeinen Weltvernunft auf, von der sie stammten.

Die Lösung des Rätsels, um das die Scholastiker leidenschaftlich gekämpft hatten, ohne es ganz durchschauen zu können, liegt wohl darin, dass der Mensch die ganze Entwicklung auf der Erde braucht, um im Denken ganz individuell und im Handeln ganz frei zu werden. Unsterblich ist man nicht, unsterblich *wird* man – durch eine lange Entwicklung. In einem Leben kann der Mensch nur einen kleinen Schritt auf dem Weg der Individualisierung seiner Gedanken und seiner Willensimpulse machen. Im Mittelalter fehlten aber die Bewusstseinsvoraussetzungen, um die Frage stellen zu können, ob der Mensch nicht doch mehr als einmal auf der Erde lebt. Wenn der Mensch nur ein einziges Mal lebt und nach dem Tod so viel Individuelles in sich trägt, wie er während eines einzigen Lebens erzeugt, so viel Unsterbliches, wie er in seinem Innenleben vom Körper unabhängig gemacht hat, dann bleibt von ihm auf der jetzigen Entwicklungsstufe in der Tat nicht allzu viel übrig.

Naturwissenschaft am Hof Harun Al Raschids

Wenn die Naturkräfte deterministisch wirken und wenn wahrhaft menschlich nur dasjenige ist, was in der Freiheit errungen wird, warum haben die geistigen Führer der Menschheit zugelassen, dass nach der Zeitenwende eine Weltreligion entsteht, welche die Allmacht Gottes über alles stellt? Bei der Beantwortung dieser Frage weist Rudolf Steiner auf dasjenige hin, was sich in der prunkvollen Akademie von Gondishapur gegen Ende des achten und zu Beginn des neunten Jahrhunderts zugetragen hat. Der berühmte Kalif Harun Al Raschid hatte um sich die besten Repräsentanten der östlichen Weisheit und des griechischen Aristotelismus versammelt. Wenn alles nach dem Willen gewisser geistiger Mächte und nach den Bestrebungen dieses Hofes zu Gondishapur gegangen wäre, wäre eine Stufe der Entwicklung frühzeitig vorweggenommen worden, eine Stufe, die nach dem Ratschluss der guten, menschenfreundlichen Geister erst in unserer Zeit, zweitausend Jahre später, zeitgemäß ist und im Sinne des Guten wirken kann. Es ist in der Akademie von Gondishapur von geistigen Mächten und von den Menschen um Harun Al Raschid verfrüht etwas angestrebt worden – und «verfrüht» bedeutet immer: unter Ausschluss der menschlichen Freiheit.

Angestrebt wurde das Erlangen von Kräften, die Rudolf Steiner die Kräfte der «Bewusstseinsseele» nennt. In der Akademie von Gondishapur hatten die Menschen beeindruckende Fortschritte in der Erforschung und in der Beherrschung der Natur gemacht – Fortschritte in der Technik, im

Umgang mit okkulten Naturkräften. Da haben gute, menschenfreundliche geistige Wesen eingegriffen und durch den Islam den Impuls von Gondishapur abgelähmt. Aus diesem Grund – den Menschen zuliebe – wurde der arabisierte Aristoteles von guten Geistern «islamisiert». Die Abdämpfung des kulturellen Impulses von Gondishapur äußert sich symptomatisch in der Abstraktheit des Islam.

So wurde eine der größten Gefahren der Entwicklung abgewendet. Der islamische Monotheismus ist in dem Sinne abstrakt, in dem er in der Welt keine konkrete Vielfalt von geistigen Wesen, keine weiteren göttlichen oder geistigen Wesen neben Allah anerkennt. Vom Islam kommt nicht, so wie es in der aristotelisierenden Akademie von Gondishapur angestrebt wurde, eine geisteswissenschaftliche Erkenntnis der geistigen Wesen und der Phänomene der Natur. Der Islam führt alles zurück auf ein einziges Wesen: auf Allah. Alles, was in der Welt geschieht, wird seinem Willen zugeschrieben.

«Wenn Allah es will ...»

Das Leben ist voller Gegensätze, voller Widersprüche, sowohl logischer wie auch existenzieller Art. Die logischen Widersprüche – man denke an die Antinomien in Kants *Kritik der reinen Vernunft* – sind dazu da, damit der Mensch in seinem Denken immer klarer unterscheiden lernen kann. Es hat eine Zeit gegeben, in der der Mensch noch nicht fähig war, Lebenswidersprüche zu bemerken,

226

geschweige denn, in ihnen eine Herausforderung für das Denken zu sehen.

Neben den Widersprüchen der Logik gibt es Gegensätze des Lebens, und einer von diesen umfasst im Grunde genommen alle anderen: Es ist der offenbare Widerspruch zwischen der Freiheit des Geistes und der Determiniertheit der Natur. Auch dem Islam ist dieser Lebenswiderspruch mit auf den Weg gegeben worden – als eine Herausforderung, sich im Ringen damit immer weiterzuentwickeln. Der existenzielle Widerspruch zwischen Freiheit und Prädestination zeigt sich auf Schritt und Tritt auch im Leben des orthodoxen Muslims. Dieser glaubt einerseits, dass alles, was geschieht, von allem Anfang an vorherbestimmt ist durch die Allmacht Allahs, und andrerseits ist er davon überzeugt, dass Allah von Fall zu Fall, immer in der Gegenwart und ganz freiwillig, entscheidet, was zu geschehen hat. Einmal wird die Allmacht Allahs im unabänderlichen Wirken der von ihm geschaffenen Naturkräfte gesehen, und gleichzeitig soll er in jedem Augenblick mit uneingeschränkter Willensfreiheit auch in Bezug auf das Naturgeschehen entscheiden und handeln.

Worin besteht, genauer gesehen, der Lebenswiderspruch? Er besteht in der Tatsache, dass ein berechenbares Fortwirken sich wiederholender Naturgesetze und die geistesgegenwärtige Willensfreiheit Gottes sich von einem logischen Gesichtspunkt aus gegenseitig ausschließen. Alle Phänomene des Mineralreichs, des Pflanzenreichs, des Tierreichs – und auch des Menschenreichs, insoweit im Körper des Menschen Naturkräfte am Werk sind – geschehen

mit Naturnotwendigkeit. In aller Natur wirkt Allah mit uneingeschränkter Allmacht. Aber Naturgesetze können nicht
zugleich augenblickliche und freie Beschlüsse darstellen,
selbst für die Gottheit nicht. In der Natur wirken überall
Kräfte, welche die Gottheit ihr am Anfang der Schöpfung
einverleibt hat. Allah steht es nicht frei, jeden Augenblick
nach Willkür die Naturgesetze zu ändern.

Gott ist nicht frei, heute um einige Stunden früher als
sonst die Sonne auf- und untergehen zu lassen, den Mond-
zyklus um einige Tage zu verlängern oder den Himalaja
um einige Hundert Meter höher zu machen. Auf der anderen Seite muss gelten, dass der göttliche Wille in jedem
Augenblick genauso frei wie allmächtig sein muss. Allahs
Wille kann nur dadurch ein göttlicher sein, dass er ganz
frei ist, frei in jedem Augenblick und in Bezug auf jedes
Ereignis. Gott ist gerade deshalb der höchste Geist, weil
er fähig ist, in jedem gegenwärtigen Augenblick ganz freie
Entscheidungen zu treffen, die er nie vorher getroffen hat,
ohne durch die Gesetze einer schon bestehenden Welt in
seiner Freiheit eingeschränkt zu werden. So befindet sich
der freie Wille Allahs, zumindest vom logischen Gesichtspunkt aus gesehen, im offensichtlichen Gegensatz zu dem
unabänderlichen Determinismus der Natur.

Die Frage, die sich jeder Muslim, aber auch jeder andere Mensch stellen muss, ist also die folgende: Wenn es ein
Wesen gibt, dessen freier Wille an keine Bedingtheit der
Natur gebunden ist, warum soll es von solchen Wesen nur
ein einziges geben? Es liegt in der Natur des frei schaffen-
den göttlichen Geistes, dass es ihm auch freisteht, Geis-

ter zu schaffen, die Anteil am Göttlichen haben. Die Frage ist nur, ob es Gründe geben könnte, dies nicht zu wollen. In diesem Punkt entscheidet aber nicht die Allmacht, sondern allein die Liebe. Wenn Gott keine Liebe hätte, könnte er auch nicht andere Wesen an seinem göttlichen Schaffen teilhaben lassen wollen – denn dies zu tun, heißt, solche Wesen zu lieben. Wenn Gott hingegen voller Liebe ist, dann kann die Liebe nicht anders, als freiwillig für das geliebte Wesen das Beste zu wollen. Und dieses Beste ist das freie geistige Schaffen selbst.

Der strenge Monotheismus sieht in Allah das einzige Wesen, das mit einem freischaffendem Willen begabt ist. Aber wenn die Barmherzigkeit und die Liebe Allahs im Koran auch von großer Bedeutung sind, könnte man nicht davon ausgehen, dass seine väterliche Liebe den Menschen an der höchsten seiner Eigenschaften, an der Fähigkeit, in Freiheit zu schaffen, teilnehmen lassen will?

Der Widerspruch, der Gegensatz zwischen der Freiheit Allahs und der Determiniertheit des Naturgeschehens ist nur ein scheinbarer. Nehmen wir an, was wir Natur nennen, sei das Ergebnis aller freien Entscheidungen, die die Gottheit in der Vergangenheit getroffen hat. Die Tatsache, dass die eigene Vergangenheit eindeutige Folgen für die Gegenwart hat, hindert ein schöpferisches Wesen nicht daran, auf ganz freie Weise immer Neues zu schaffen. Das schon Bestehende wird in voller Freiheit als notwendige Bedingung für das Neue bejaht. Außerdem ist in der Natur nicht alles unveränderlich, auch die Natur ist in fortwährender Entwicklung begriffen. Die Naturgesetze erscheinen nur dem kurzsichtigen Blick des Menschen als unveränderlich.

Und wenn der Mensch nicht mit freiem Willen begabt wäre, wie könnte man ihn für seine Handlungen verantwortlich machen? Er wäre ein reines Naturwesen, unfähig des Guten und des Bösen. Wenn aber der Mensch die innere Erfahrung macht, in seinen Entscheidungen frei zu sein, wenn er sich für seine Handlungen verantwortlich fühlt, soll nicht diese real erlebte Freiheit der Keim des Göttlichen sein, der in ihn gelegt worden ist und den er immer weiter zur Entfaltung bringen kann? Nur im realen Leben kann der Lebenswiderspruch zwischen Notwendigkeit und Freiheit gelöst werden. Er kann nicht auf rein theoretischer, logischer Ebene gelöst werden.

Gerade die Auffassung der trinitarischen Struktur der Welt und der Entwicklung macht es möglich, die Wechselwirkung zwischen Determinismus und Freiheit nachzuvollziehen. Der Determinismus gilt für die Welt der Materie, in der alle freien Entscheidungen des Geistes, die in der Vergangenheit getroffen worden sind, in ihren Folgen fortwirken. Der Geist knüpft aber an das von ihm schon Vollbrachte an, er gebraucht es als Werkzeug, um im freien Schaffen immer Neues entstehen zu lassen. Er gibt sich Zwecke und Ziele vor, die ganz freiwillig in der Gegenwart ins Auge gefasst werden.

Die Seele des Menschen, das innere Erleben, dient zur Vermittlung zwischen der Welt der Materie und der des Geistes. In der Menschwerdung des Christus haben wir das Urbild des Zusammenwirkens dieser drei Welten – des

Geistes, der Seele und des Körpers. Die Gesetze der irdisch körperlichen Welt finden ihren Niederschlag in der Leiblichkeit des Jesus von Nazareth; die Welt der Seele offenbart sich in der paradiesischen Unschuld des Lukas-Kindes gerade auch durch den Beitrag Buddhas; die Welt des Geistes bringt durch die Menschwerdung des kosmischen Schöpferwortes das immer Neue in der Welt der Seele und des Körpers zum Vorschein.

In den Uranfängen der Schöpfung geschahen lauter Wunder. Das Paradies war noch eine Welt ohne Naturnotwendigkeit, in ihm gab es nur Schöpfungen aus dem Nichts. Schöpfungen, die nur deshalb sich ereignen konnten, weil «Gott es will». Unsere Welt, insoweit sie den Gesetzen der Natur unterworfen ist, scheint das Wunder des göttlichen Schaffens nicht mehr zu kennen, sondern nur die berechenbare Wiederholung des Gleichen. Das geistesgegenwärtige «Schaffen» der Gottheit ist zur naturgesetzlichen «Schöpfung» geworden. Das Wesen des Christusereignisses und des Christuswirkens liegt, wie schon ausgeführt, in der Versöhnung dieser beiden Welten: der Notwendigkeit am Werk in allem Naturgeschehen und der «Freiwendigkeit» des schöpferischen Geistes. Den Widerspruch des Lebens kann der Mensch nur durch seine Art zu leben lösen – durch die nie aufhörende Entwicklung seines Geistes. Die Starrheit der Natur wird durch christliche «Wandlung» immer mehr in die freie Schöpferkraft des Geistes verwandelt.

Jesus von Nazareth
in der 19. Sure des Korans

In der 19. Sure des Korans wird in schöner Weise die Geburt des Jesus beschrieben – nicht die Geburt des Christus, sondern die Geburt des Menschen Jesus. In der Darstellung dieser Geburt stimmt der Koran mit dem Lukas-Evangelium überein: Sie wird als «Wunder» des göttlichen Wirkens dargestellt. Naturgesetze sind bei dieser Geburt nicht ausschlaggebend: In den Naturkräften drinnen ist göttliche Freiheit am Werk. Diese Empfängnis, diese Geburt geschieht nur, «weil Allah, weil Gott es will».

Sowohl der Koran als auch das Lukas-Evangelium gehen davon aus, dass bei der Geburt eines Menschen zwei Welten zusammenwirken. Auf der einen Seite gibt es den Geist des Menschen, der freiwillig entscheidet, sich einen Körper aufzubauen, um ein Leben auf der Erde zu verbringen. Auf der anderen Seite gibt es alle Kräfte der Natur, alle Vererbungskräfte, die in und durch beide Eltern wirken. Der Menschengeist, der geboren werden will, bedient sich all dieser Naturkräfte, dieser Vererbungskräfte, wie eines Werkzeugs, um Ziele anzustreben, die frei gewählt und ganz individuell sind. Das «Material» für den Bau des Körpers wird von den Eltern durch «Vererbung» geliefert. Der sich verkörpernde Menschengeist aber gibt diesem Material eine bis in die feinsten Züge hinein einmalige Form. Sie soll als Werkzeug für einen ganz individuellen Lebensplan dienen.

In Bezug auf die 19. Sure des Korans führt Rudolf Steiner aus, dass die göttliche Liebe jedem Muslim mit dieser

Sure eine kostbare Perle geschenkt hat, in der der Keim für eine unbegrenzte Entwicklung verborgen liegt. Die jungfräuliche Empfängnis Jesu ist eine Bestätigung des freien geistigen Schaffens nicht nur der Gottheit, sondern auch des Menschengeistes. Jeder Muslim, der diese 19. Sure mit Andacht meditiert, kommt mehr und mehr in die Möglichkeit, sich der Welt der Freiheit des Geistes zu öffnen: Jener Welt der Geister, in der nur Wunder, nur jungfräuliche Empfängnisse, lauter Schöpfungen aus dem Nichts geschehen. Das sind Schöpfungen, die nicht von den aus der Vergangenheit wirkenden Gesetzen der Natur bestimmt sind, weil sie selber alle zukünftige Entwicklung von Mensch und Erde bestimmen. Wo der Geist am Werk ist, wird das Vergangene zum Diener des Zukünftigen gemacht.

In der 19. Sure «Maria» heißt es wörtlich (in der Übersetzung von Max Henning):

16. *Und gedenke auch im Buche der* Maria. *Da sie sich von ihren Angehörigen an einen Ort gen Aufgang zurückzog*

17. *Und sich vor ihnen verschleierte, da sandten wir unsern Geist zu ihr, und er erschien ihr als vollkommener Mann.*

18. *Sie sprach: «Siehe, ich nehme meine Zuflucht vor dir zum Erbarmer, so du ihn fürchtest.»*

19. *Er sprach: «Ich bin nur ein Gesandter von deinem Herrn, um dir einen reinen Knaben zu bescheren.»*

20. *Sie sprach: «Woher soll mir ein Knabe werden, wo mich kein Mann berührt hat und ich keine Dirne bin?»*

21. Er sprach: «Also sei's! Gesprochen hat dein Herr: ‹Das ist mir ein Leichtes›; und wir wollen ihn zu einem Zeichen für die Menschen machen und einer Barmherzigkeit von uns. Und es ist eine beschlossene Sache.»

22. Und so empfing sie ihn und zog sich mit ihm an einen entlegenen Ort zurück.

23. Und es überkamen sie die Wehen an dem Stamm einer Palme. Sie sprach: «O dass ich doch zuvor gestorben und vergessen und verschollen wäre!»

24. Und es rief jemand unter ihr «Bekümmere dich nicht; dein Herr hat unter dir ein Bächlein fließen lassen;

25. Und schüttele nur den Stamm des Palmbaums zu dir, so werden frische reife Datteln auf dich fallen.

26. So iss und trink und sei kühlen Auges, und so du einen Menschen siehst,

27. So sprich: ‹Siehe, ich habe dem Erbarmer ein Fasten gelobt; nimmer spreche ich deshalb heute zu irgend jemand.›»

28. Und sie brachte ihn zu ihrem Volk, ihn tragend. Sie sprachen: «O Maria, fürwahr, du hast ein sonderbares Ding getan!

29. O Schwester Aarons, dein Vater war kein Bösewicht und deine Mutter keine Dirne.»

30. Und sie deutete auf ihn. Sie sprachen: «Wie sollen wir mit ihm, einem Kind in der Wiege, reden?»

31. Er (Jesus) sprach: «Siehe, ich bin Allahs Diener. Gegeben hat er mir das Buch, und er machte mich zum Propheten.

32. *Und er machte mich gesegnet, wo immer ich bin, und befahl mir Gebet und Almosen, solange ich lebe,*

33. *Und Liebe zu meiner Mutter; und nicht machte er mich hoffärtig und unselig.*

34. *Und Frieden auf den Tag meiner Geburt und den Tag, da ich sterbe, und den Tag, da ich erweckt werde zum Leben!»*

35. *Dies ist Jesus, der Sohn der Maria – das Wort der Wahrheit, das sie bezweifeln.*

36. *Nicht steht es Allah an, einen Sohn zu zeugen. Preis ihm! Wenn er ein Ding beschließt, so spricht er nur zu ihm: «Sei!» und es ist.*

37. *Und siehe, Allah ist mein Herr und Euer Herr; so dienet ihm; dies ist ein rechter Weg.*

Rudolf Steiner liest am 16.5.1916 aus dieser Sure und fügt am 23. hinzu: «*Und diejenigen, welche in ihrem übrigen Religionsbekenntnis diesen furchtbaren Widerspruch haben der Prädestination und des ‹Gott will es›, wie die Mohammedaner, denen ist zugleich zugeflossen die Offenbarung von dem Jesus des Lukas-Evangeliums. Haben sie so viel Entwicklungsfähigkeit, dass sie das einmal verstehen können, dann werden sie sich sagen: Wenn wir wiedererkennen die Natur desjenigen, der uns da geoffenbart ist im Koran, dann werden wir finden, wie sich Prädestination und ‹Gott will es› zusammenschließen.*»

Jeder Mensch kann, wenn er seine eigene innere Selbsterfahrung ernst nimmt, das Erlebnis der Freiheit haben. Er kann sich als von Gott geschaffener Geist erleben, vom

Schöpfer dazu bestimmt, immer erfindungsreicher in seinem Denken, immer phantasievoller in den Erweisungen seiner Liebe zu werden. Für das freie geistige Schaffen ist die Natur mit all ihren Kräften das vollkommenste Instrument, das es gibt.

Der Islam und das Christentum haben sich in der Vergangenheit aufgrund der Einseitigkeiten, die auf beiden Seiten bestanden, oft gegenseitig bekämpft. Beide Seiten können sich heute bemühen, den existenziellen Widerspruch der Freiheit immer tiefer zu erfassen und durch die innere Entwicklung, durch das Leben selbst, immer befriedigender zu lösen. Jeder Mensch, sei er Muslim oder Christ, hat die Fähigkeit, immer wesenhafter am Göttlichen teilzuhaben. Sein Geist kann in jedem Augenblick etwas Neues hervorbringen. Jede noch so kleine Handlung kann von der erfindungsreichen Phantasie der Liebe durchwärmt werden. In der Liebe ist der Mensch vollkommen frei, denn was die Liebe will, was sie vollbringt, ist durch kein Naturgesetz festgelegt und kann von keinem Determinismus beeinträchtigt werden.

Mond und Sonne – die gegenseitige Herausforderung

Die Beziehung, die bis jetzt zwischen Christentum und Islam bestanden hat, lässt sich in dem bekannten Bild der Monstranz zum Ausdruck bringen, welche in ihrer «Mondschale» die Hostie, die Sonnenscheibe trägt. Der Islam ist eine Mondreligion, und der Mond repräsentiert in der alten Weisheit die Welt der Natur, die Welt der Notwendigkeit. Und in der Tat hat der Islam wie eine Mondsichel die christliche Welt umklammert – von Spanien über Nordafrika bis nach Arabien und der Türkei. Das keimhafte Sohneswirken, das Wirken des Sonnengeistes, ist im «christlichen Europa» von der Mondreligion, welche die Allmacht Gottes in den Vordergrund stellt, stark beeinflusst worden. In der so genannten christlichen Welt hat eine Naturwissenschaft islamischen Geistes die Kultur weit mehr geprägt als der wirklich christliche Geist. Auch die Theologie hat in den letzten Jahrhunderten zunehmend ihre Rechtfertigung in der modernen Naturwissenschaft gesucht. Die christliche Religion ist immer mehr in das private Leben, ins Abseits des Lebens gedrängt worden.

Islam und Christentum stehen zueinander wie eine auffällige Mondsichel mit einer unsichtbaren Sonnenscheibe darauf, die bis jetzt ganz unscheinbar geblieben ist – wie der Teil des Mondes, den man nicht sieht. Aber die Hostie sollte jene strahlende Sonne sein, von der selbst der Mond sein Licht empfängt! Die vermeintlich steigende Macht des Islam bezeugt in Wirklichkeit nur die Schwäche des wahren Christentums. Die Betonung des Determinismus und der Prädestination ist nichts Neues in christlichen Ländern. Wenn der Mensch nicht schöpferisch wird, wenn er sein Denken und Wollen vernachlässigt, bleiben in ihm nur die Determinismen der Natur wirksam. Wenn er seine Freiheit nicht ergreift, sie nicht ausübt, dann entsteht nicht nur der theoretische Fatalismus, sondern auch der aggressive Fanatismus. Es ist dabei unwichtig, unter welchem Namen er auftritt.

Das herkömmliche Christentum kann nicht behaupten, es habe sein Wesentlichstes – die Berufung des einzelnen Menschen zur Teilnahme am freien Schaffen Gottes – nach Kräften gepflegt, es habe da keine Versäumnisse gegeben. Die christliche «Auferstehung» ist die *Aufhebung* jeder Naturnotwendigkeit durch die schöpferische Freiheit des Menschengeistes. Die Auferstehung des Christus bewirkt in der Erdenentwicklung eine Wende, eine Umkehr. Bis dahin waren im Menschen die Gnade Gottes und das Naturwirken führend. Mit der Wende kehrt sich das Verhältnis um: Führend wird – man kann es nicht zu oft sagen – die in Christus Fleisch gewordene göttliche Liebe zur Freiheit jedes Menschen. Diese wird führend in Bezug auf alle Kräfte der Natur, die zum Werkzeug für die Entwicklung des menschlichen Geistes gemacht werden.

Ein heutiger Muslim kann durch den Koran den Glauben an die jungfräuliche Empfängnis von Jesus von Nazareth aufrechterhalten – viele christliche Theologen können das nicht mehr. Auch die Mehrzahl der heutigen Christen hat den Zugang zu diesem Mysterium verloren. Deshalb kann der heutige Christ sich nicht erlauben, sich dem Islam überlegen zu fühlen. Das bedeutet nicht, dass man zurückgehen sollte zu den alten Zeiten, in denen der schlichte Glaube die führende Rolle hatte. Gemeint ist nur, dass dieser schlichte Glaube noch die Fähigkeit gehabt hat, die Wirklichkeit der jungfräulichen Empfängnis zu bewahren, die das wissenschaftliche Denken nicht mehr nachvollziehen kann. Das wissenschaftlich geschulte Denken hat die Aufgabe, auf der höheren Ebene einer Geisteswissenschaft sich dasjenige neu zu erringen, was der schlichte Glaube im Islam noch hütet und was im christlichen Westen verloren gegangen ist.

So kann das Zusammenleben von Islam und Christentum als positive gegenseitige Herausforderung gesehen und erlebt werden. Die gegenseitige Bereicherung kann auf beiden Seiten eine Weiterentwicklung mit sich bringen. Der Islam kann dem Christentum, wie in einem Spiegel, dessen Versagen vor Augen führen. Durch sein Wesen fordert er das Christentum auf, sich ernst zu nehmen, nicht eine bloße Theorie zu bleiben – und zu einer Lebenswirklichkeit zu werden.

Wenn für das Christentum die Theorie der Freiheit zwar vorhanden ist, aber das Leben in Freiheit noch weitgehend fehlt, und wenn im Islam beides fehlt: Wer von den beiden trägt eine größere Verantwortung? Doch derjenige, der, obwohl er das Bewusstsein der Freiheit hat, sie kaum mehr als der andere in die Tat umsetzt. Wo ein Bewusstsein davon vorhanden ist, dass die wahre Würde des Menschen in der individuellen Verantwortung, in der Freiheit besteht, ist die Verantwortung am größten.

Das tägliche Zusammenleben zwischen Muslims und Christen wird immer menschlicher werden können, wenn jeder zwischen dem Menschen und seiner Religion unterscheiden wird. Kein Mensch, insoweit er ein individueller Geist ist, ist ein Muslim oder ein Christ. Keine Religion als Kulturform gehört zum Wesen des Menschen! Wenn in der täglichen Begegnung weniger die äußerliche Hülle der Religion gesehen wird und mehr der unsterbliche Geisteskern, dann wird man in jedem Menschen eine ewige Individualität lieben können.

Nach der Zeitenwende ist jeder Mensch berufen, in welcher Religion auch immer er lebt, immer mehr den Einklang aller Religionen in seinem Herzen zu verwirklichen. In jeder Begegnung zwischen Menschen wird es die Möglichkeit geben, das Allgemeinmenschliche und das Besondere in jedem Menschen zu erleben.

Was sucht der Muslim als Mensch in seiner Begegnung mit dem anderen Menschen, der sich Christ nennt? Er sucht das Menschliche, das er mit ihm gemeinsam hat. Jeder Muslim klopft an die Tür des Christentums mit der Sehnsucht, die Freiheit und die Liebe zu finden, wonach jeder Mensch strebt. Der Islam ist in der Vergangenheit vielleicht bitter enttäuscht worden, weil Freiheit und Menschlichkeit in der christlichen Kultur nicht viel mehr als anderswo zu finden waren. Das mag einer der tieferen Gründe der Aggressivität gewesen sein, die der Islam in Bezug auf den sich christlich nennenden Westen gezeigt hat. Dort, wo viel von Freiheit die Rede ist, ist oft mehr Egoismus als wirkliche Freiheit vorhanden.

Und was sucht der Mensch, der sich Christ nennt, in der Begegnung mit einem Menschen muslimischer Religion, in der Herausforderung mit dem Islam? Auch der Christ sucht als Mensch dasjenige, was er aufgrund des Materialismus aus den Augen verloren hat: die Welt des Göttlichen, die Wirklichkeit des Geistes. Muslims und Christen haben gemeinsam die Sehnsucht nach dem höheren Menschen, der in jedem Menschen schlummert. Wenn in beiden das Bewusstsein stärker wird, dass das Gemeinsame, die Suche nach dem vollkommenen Menschen, tiefer ist als all dasjenige, was sie trennt, wird auch eine neue Hoffnung für die Zukunft geboren werden können.

VII.

DIE ZUKUNFT DER RELIGION

In den vorigen Kapiteln ist versucht worden, zu schildern, was die Religion bisher gewesen ist. Obwohl überall in der heutigen Menschheit ein verstärktes Interesse an Religion zu beobachten ist, ist es alles andere als leicht, über die Zukunft der Religion allgemein gültige Aussagen zu machen.

Die Menschen werden immer unterschiedlicher, immer individueller. Das konkrete Wie des Umgangs mit dem Geistigen, mit dem Göttlichen – das Wie der Religion – wird wohl bei jedem immer einzigartiger aussehen. In diesem Sinne wird jeder zunehmend seine eigene Religion haben wollen. Er darf sie auch haben, zumal diese Differenzierung eine unendliche Bereicherung für alle Menschen bedeuten kann.

Umso wichtiger wird aber auch das Verlangen danach sein, eine Verständigung über allgemein gültige Werte und über objektive Wahrheiten in Bezug auf den Menschen und die Welt zu erlangen. Der Relativismus, die falsch verstandene Toleranz, wird die Menschen nicht auf Dauer einschüchtern können. Als denkender Geist weiß der Mensch, dass es eine objektive Wahrheit gibt. Danach zu streben macht ihm Freude, und es kann sein, dass die *Suche nach Wahrheit* zu den Grundzügen der Religion der Zukunft gehören wird.

Die nächsten, letzten Seiten dieses Buches versuchen, auf mögliche Bausteine der Religion der Zukunft hinzuweisen. Sie können keine Rezepte geben, sie möchten nur Wege aufzeigen, auf welchen immer weiter gesucht werden kann. Bewusst nehme ich wenig auf die Empfindlichkeit vieler heutiger Menschen allem Religiösen gegenüber Rücksicht. Es gibt nicht nur die Einseitigkeit des religiösen Dogmatismus: Nicht weniger fanatisch ist das bürgerliche Dogma, dass in geistigen Dingen keine wissenschaftliche Erkenntnis, sondern nur subjektiver Glaube möglich sei. Dieses Dogma, das dem modernen Leben zugrunde liegt, hat mit beispielloser Intoleranz allen Geist aus dem Alltag gejagt. Die Zukunft der Religion hängt ihrerseits ganz vom Anspruch des modernen Menschen auf eine wissenschaftliche Erkenntnis auch des Geistigen ab. Es gibt eine im Westen verbreitete «Spiritualität» östlicher Prägung, die mit gutem Gewissen gepflegt wird, weil sie von vornherein keinen Anspruch erhebt, an der Unmenschlichkeit des Materialismus, von dem sie existenziell abhängt, etwas zu ändern. Bei der herkömmlichen Religion konfessioneller Prägung hatten viele noch ein schlechtes Gewissen, wenn ihre Religion nichts am Leben zu ändern vermochte. Sie suchten in ihr umso mehr eine Erholung vom Alltag, einen Seelentrost. Diese Seelenberuhigung brauchen diejenigen nicht mehr, die beim Genuss einer Spiritualität, welche am Umgang mit Geld und Macht nichts ändern darf oder will, keine innere Beunruhigung spüren.

Grundformen der Religion

Die Entwicklung der Religion ist mit Judentum, Christentum und Islam beim *Monotheismus* angelangt. Der heute verbreitete *Atheismus* kann als der nächste Entwicklungs-schritt der Religion über den Monotheismus hinaus gesehen werden. Bei vielen ist die atheistische Haltung eine ehrliche Verneinung jedes «jenseits» des Menschen vorgestellten Gottes, eine gesunde Aufforderung, alles so genannte «Göttliche» im Menschengeist drinnen Wirklichkeit werden zu lassen. So verstanden kann der Atheismus nicht wenig zur Zukunft der Religion beitragen. Der nächste Schritt des Atheisten – nach der überfälligen Verneinung des Geistes «da draußen» – wird die Wiedergewinnung des Geistes im Menschendenken drinnen sein. Und gerade diese Wiedergewinnung kann der Religion eine hoffnungsvolle Zukunft eröffnen.

Goethe schreibt am 6. Januar 1813 an Jakobi, seinen frommen Freund, der um die religiöse Entwicklung des unfrommen Freundes besorgt ist: *«Ich für mich kann, bei den mannigfaltigen Richtungen meines Wesens, nicht an einer Denkweise genug haben; als Dichter und Künstler bin ich Polytheist, Pantheist als Naturforscher, und eines so entschieden als das andere. Bedarf ich eines Gottes für meine Persönlichkeit, als sittlicher Mensch, so ist dafür auch schon gesorgt. Die himmlischen und irdischen Dinge sind ein so weites Reich, dass die Organe aller Wesen zusammen es nur erfassen mögen.»*

Goethe bringt es fertig, Poly-, Pan- und Monotheist («Bedarf ich *eines* Gottes …») auf einmal zu sein, gerade wegen der Tatsache, dass er in den Augen des frommen Jakobi ein «Atheist» geworden ist. Er will von einem Gott «da draußen» oder «da oben», jenseits oder außerhalb des

Menschen, nichts wissen. Er ist stattdessen bemüht, in seinem eigenen Geist immer schöpferischer, immer göttlicher zu werden.

Die Entwicklung der Religion bis zum Monotheismus, bis hin zum heutigen «Atheismus», ist die Widerspiegelung eines langen Entwicklungsweges. Biblisch ausgedrückt ist es der Entwicklungsweg vom «Gottes-» zum «Menschensohn». Die einzelnen Schritte dieses Weges können wie folgt zusammengefasst werden:

1. Ahnenkult. Der Ahnenkult geht zurück auf die Zeit, in der die Menschen in ihrem instinktiven Hellsehen mit *Zeitgeistern* in Verbindung treten konnten, mit Geistern, die mit der Führung der gesamten Menschheit für eine bestimmte Zeit beauftragt werden. (Martin Luther nennt sie «Fürstentümer», eine Übersetzung des lateinischen «Principatus», griechisch «Archai».)

2. Polytheismus. Später reichten die Menschen in ihrer religiösen Praxis nur noch hinauf bis zu den *Volksgeistern*, deren Aufgabenbereich nicht die ganze Menschheit, sondern nur ein einziges Volk, nur eine Gruppe von Menschen umfasst. Da jedes Volk einer besonderen göttlichen Führung untersteht, einer eigenen Volksgottheit, war das die Zeit des Polytheismus, in der aus der Sicht der Menschen verschiedene Götter all das anregen, was auf der Erde durch die verschiedenen Völker geschieht.

3. Monotheismus. Als später dann die Menschen nur noch mit dem individuellen *Engel* – mit dem griechischen Daimon ($\delta\alpha\iota\mu\omega\nu$) oder dem römischen Genius – in Verbindung treten konnten, entstand als Form der Religion der

Monotheismus. In ihm schafft sich im Grunde genommen jeder Mensch seinen Gott im eigenen Ebenbild. Die Atomisierung, die Individualisierung der Menschen schreitet immer weiter fort.

4. Gottmenschentum. Die nächste Stufe nach unten kann nur die sein, dass der Mensch nicht einmal mehr bis zu den Engeln emporsteigen kann und den Menschen schlichtweg zum Gott erklärt. Dies geschah in der Tat zur Zeit der römischen Kaiser, die sich in aller Form als Gott verehren ließen. Das war die Zeit, als ein göttliches Wesen Mensch werden musste, um den Menschen vor Augen zu führen, dass der Mensch nicht so, wie er von Natur aus ist, als Gott gelten kann. Nur durch eine unaufhörliche innere Entwicklung kann er dem Göttlichen immer näher kommen, kann er immer mehr zum «*Sohn Gottes*» werden.

Die drei monotheistischen Religionen machen drei grundlegende Aussagen, zu denen jeder Einzelne Stellung nehmen kann:

1. Herkömmliches Christentum: Christus ist schon gekommen.
2. Orthodoxes Judentum: Der Messias ist noch nicht gekommen.
3. Islam im Koran: Den Sohn Gottes gibt es nicht; Allah hat keinen Sohn.

Jede der drei Aussagen ist für sich allein genommen einseitig. Und gerade die Überwindung – im Denken und im Leben – dieser Einseitigkeiten kann allen drei monotheistischen Religionen eine spannende Zukunft bereiten. Diese haben sich in der Vergangenheit gegenseitig bekämpft, weil sie dachten, die drei erwähnten Aussagen schließen einander aus. Toleranz zwischen ihnen wird entstehen, wenn das denkende Individuum erkennt, dass sie nur alle zusammen die volle Wahrheit über den Menschen ergeben. Wie kann das sein?

1. Die Aussage des herkömmlichen Christentums ist insoweit wahr, als vor zweitausend Jahren ein göttliches Wesen die Erfahrung des menschlichen Todes gemacht hat. Dadurch hat es in die Erde und in die Menschheit all diejenigen Kräfte hineingegossen, durch die jeder Mensch die Fähigkeit bekommt, seine individuelle Gottwerdung selbst in die Hand zu nehmen.

2. Die Aussage des orthodoxen Judentums ist wahr im Hinblick auf die Aufnahme des Messias-Christus in das Bewusstsein und in die Liebeskräfte des einzelnen Menschen. Diese individualisierte, verinnerlichte Ankunft – die im Christentum die zweite Ankunft oder die Wiederkunft des Christus in Form des «Heiligen Geistes» genannt wird – hat kaum erst begonnen.

3. Die Aussage des Korans kann auch als «wahr» gelten, wenn sie im Zusammenhang mit der zweiten Art des Kommens des Gottessohnes gesehen wird. Was den einzelnen Menschen betrifft, hat Allah so lange keinen Sohn, solange der einzelne Mensch nicht durch innere Entwicklung Gottes Sohn wird, solange er nicht durch innere Neugeburt den Sohn Gottes in sich selbst zum Dasein bringt. In der Herausforderung zur Schöpfung des Sohnes aus dem Nichts im eigenen Geist, die für jeden Menschen gilt, stim-

men die drei monotheistischen Religionen vollkommen überein.

Das Denken als Zukunft der Religion

Der Einzug des Sonnengeistes, des Gottessohnes, in alle Kräfte der Erde schafft für den Menschen den Übergang von einer Führung durch die Gottheit zu einer immer tieferen Erfahrung der Freiheit und der individuellen Verantwortung. Diese Erfahrung macht der Mensch, wenn er nicht nur sich selbst, sondern auch alle Geschöpfe der Erde von den Notwendigkeiten der Natur befreit, wenn er alles Sichtbare in Geist verwandelt: jede Wahrnehmung in einen Begriff, jedes Lebensereignis in die moralische Intuition einer liebevollen Handlung.

Für das «gefallene», noch in der Enge der Materie gefangene Bewusstsein ist nur das real, was sinnlich wahrnehmbar ist. Im Zeitalter des Materialismus ist die Überzeugung vorherrschend, dass nur dasjenige eine Wirklichkeit ist, was man sehen, berühren, wiegen und messen kann. Das Gehirn kann man zum Beispiel wahrnehmen, also gilt es als eine ursprüngliche Wirklichkeit; das Denken kann man nicht äußerlich wahrnehmen, also wird es als eine abgeleitete Funktion des Gehirns betrachtet.

Für ein «erlöstes» Denken sind der denkende Geist und die schaffende Liebe im höchsten Maße wirklich und wirksam. Das Bewusstsein wird «erlöst», wenn der Mensch im Denken den Begriff wesenhafter als die Wahrnehmung erlebt. Wenn anhand der Wahrnehmung das Denken den entsprechenden Begriff bildet, erlebt der Mensch in seinem Geist das Ewige, das Göttliche. Dieses bleibt in ihm, auch wenn die äußerliche Erscheinungsform der Dinge vergeht. Die göttlichen Gedanken nachzudenken ist Einswerdung mit dem göttlichen Geist, ist Religion auf der höchsten Stufe. In seinem Denken ergreift der Mensch die göttlichen Gedanken, die allen Dingen zugrunde liegen. Diese Gedanken hat die unerschöpfliche Phantasie des göttlichen Schöpfers «aus dem Nichts» entstehen lassen. Insoweit die Dinge nicht nur wahrnehmbar, sondern auch denkbar sind, offenbaren sie dem denkenden Menschen ihren ewigen Kern. Wenn der Mensch sein Denken immer lebendiger, immer intuitiver gestaltet, kann er den schöpferischen Geist als Wesen seines Wesens, als Wirklichkeit seines eigenen Geistes erleben. Denkend wird der Mensch eins mit allen Wesen – und die Einswerdung aller Wesen ist das heiligste Ziel aller religiösen Entwicklung.

Wenn er schöpferisch denkt, macht der Mensch die Erfahrung, dass in seinem Geist eine Wirklichkeit lebt, die imstande ist, Welten zu erschaffen. Und er kann sich zu Recht sagen: Der denkende Geist ist die stärkste, wirksamste Wirklichkeit, die es überhaupt gibt. Mit ihm verglichen ist die so genannte Materie im Grunde nichts Wirkliches, wenn man bedenkt, dass sie heute da ist und morgen verschwindet. Alles Physische kann nur als vorübergehende Erscheinungsform des Geistes gelten. Der Gedanke kann tausend Uhren hervorbringen, tausend Uhren bringen keinen einzigen Gedanken hervor.

Religion als «Ehrfurcht vor sich selbst»

Im Denken macht der Mensch die Erfahrung, dass er als geistiges Wesen in einer rein geistigen Welt lebt. Das schöpferische Denken kann in ihm ein Gefühl der Verehrung dem höheren, geistig-göttlichen Ich jedes Menschen gegenüber aufleben lassen. Dann erlebt er die vierte, tiefste Ehrfurcht, von der Goethe in seinem *Wilhelm Meister* spricht: die Ehrfurcht vor sich selbst.

Die erste Ehrfurcht gilt dem, was über dem Menschen ist, die zweite dem, was unter ihm ist, die dritte dem ihm auf gleicher Ebene gegenüberstehenden Mitmenschen. Alle diese drei – den Geist, die Natur und den Mitmenschen – verehrt der Mensch, indem er sie sozusagen von außen anschaut. Die Ehrfurcht ihnen gegenüber ist eine beschauliche, eine erkennende.

Die Ehrfurcht vor sich selbst gilt dem innersten Heiligtum des Menschen, dem eigenen Ich. Sie ist nicht nur beschaulich, sondern enthält die höchste moralische Verantwortung: Sie gilt weniger dem, was in einem selbst schon vorhanden ist, als dem, was man geistesgegenwärtig in jedem Augenblick neu zu schaffen berufen ist.

Jede Religion hat ihre heilige Schrift. Vor der Zeitenwende enthielten die heiligen Schriften der verschiedenen Religionen Weisheitsinhalte, die dem Menschen durch göttliche Offenbarung anvertraut wurden. Die Heilige Schrift des Christentums berichtet hingegen von einem Ereignis, das vor zweitausend Jahren stattfand, das zugleich kosmisch und irdisch-historisch ist. Das Wesen des Christentums ist nicht eine Lehre, sondern eine Tatsache. Es ist die Entscheidung eines göttlichen Wesens, den Tod *als eigene Erfahrung* zu durchleben.

Das Christus-Ereignis nimmt seinen Anfang mit der Herabkunft des Sonnengeistes auf die Erde – bei der Taufe im Jordan, gefolgt von der dreifachen Versuchung. Drei Jahre später – angefangen mit dem Gethsemani-Geschehen auf dem Ölberg – findet es seinen Abschluss mit der Erfahrung des Todes und der Auferstehung.

Das traditionelle Christentum hat diese zwei Pfeiler des Lebens des Christus auf der Erde als «Sondergut» der christlichen Religion betrachtet, als Erfahrungen, die nur der Christus gemacht hat. Eine moderne Geisteswissenschaft kann eine Art von Religion einleiten, für die der Christus als Urbild jedes Menschen gesehen wird: Die Erfahrungen, die er gemacht hat, sind die Erfahrungen der Menschwerdung jedes Menschen. Die Evangelien schildern, so gesehen, was jeder Mensch im Laufe seiner Entwicklung wird erleben können. Die Religion der Ehrfurcht vor sich selbst verfolgt das Ziel, jede Erfahrung des «Menschensohnes» in eine *Selbsterfahrung* zu verwandeln.

Jeder, der in seiner inneren Entwicklung vorankommt, sieht früher oder später vor dem geistigen Auge Bilder auftauchen, die denen ähnlich sind, die in den Evangelien beschrieben werden – Bilder, wie die dreifache Versuchung nach der Taufe und die Szene im Gethsemani vor dem Tod. Jedem Menschen wird die Möglichkeit gegeben, solche Szenen als Stufen im Werdegang der eigenen Seele zu erleben. Jeder wird die Überzeugung gewinnen können, dass die Verfasser der Evangelien solche Ereignisse nicht als ein Sondergut der christlichen Religion gemeint haben, sondern als etwas, was allgemeine Gültigkeit hat. Jeder kann jene Ereignisse im Laufe der Biografie seiner Seele erleben, ganz unabhängig von der Religion, in der er aufgewachsen ist oder in der er lebt. Weil die Evangelisten in ihrer eigenen Entwicklung die entsprechende Reife erlangt hatten, konnten sie erfahren, was der Christus geistig-historisch erlebt hat und was jeder Mensch auf der entsprechenden Stufe der inneren Entwicklung nacherleben kann.

Die Versuchung und die Gethsemani-Szene wurden beide damals von keinem Menschen durch äußere sinnliche Wahrnehmung verfolgt. In beiden Fällen wird Wert darauf gelegt, dass Christus Jesus ganz allein war. Die dreifache Versuchung erlebte er in der Wüste, wo keiner zugegen war, um beobachten zu können, was geschah. Von den drei Aposteln, die mit ihm auf den Ölberg gegangen waren, wird wiederholt gesagt, dass sie einschliefen. In beiden Fällen handelt es sich nicht vordergründig um etwas, was auf dem physischen Plan geschehen ist, sondern um innere Erfahrungen, die jeder Mensch auf seine Weise wird machen können.

Alle Erfahrungen, die der Christus gemacht hat, sind allgemein menschlich und allgemein gültig. Wer seine innere Entwicklung ernst nimmt, wird früher oder später dieselben Erfahrungen machen. Er wird sich durch Selbsterfahrung davon überzeugen können, dass die Evangelien den inneren Weg darstellen, den jeder Mensch berufen ist zu gehen. So wie die Worte des Logos die Summe dessen darstellen, was jeder Mensch denken kann, so stellen die Taten des Christus die Summe dessen dar, was jeder Mensch erfahren kann.

Vom ersten
zum zweiten Anfang des Christentums

Die heiligen Schriften des Christentums sprechen von einer ersten und von einer zweiten Ankunft des Christus. Die erste geschah vor zweitausend Jahren in Palästina mit seiner Menschwerdung, seinem Leben und seinem Tod. Die zweite Ankunft geschieht nicht in physischer Form, sondern im rein Geistigen. Das Evangelium drückt dies so aus: «Christus kommt auf den Wolken des Himmels wieder», oder in der Ausdrucksweise der Geisteswissenschaft Rudolf Steiners gesagt: «Er kommt in der ätherischen Welt, in ätherisch-übersinnlicher Gestalt.» Die zwei Ankünfte des Christus stehen zueinander wie ein erster und ein zweiter Anfang des Christentums selbst als Religion. Das Christentum wird in dem Maße eine Zukunft haben können, in dem es einen Neuanfang zu wagen vermag.

Die erste Ankunft des Christus steht zur zweiten wie das Wirken des Sohnes zur Sendung und Erfahrung des Heiligen Geistes. In seinen Abschiedsreden macht der Christus darauf aufmerksam, dass er weggehen muss, denn nur so kann der Heilige Geist kommen. Damit weist er auf einen wichtigen Unterschied zwischen seiner Wirksamkeit und der des Heiligen Geistes hin.

Der Sohn wirkt durch seine Liebe. Vor zweitausend Jahren ist der Sohn Gottes in die Welt gekommen, um den menschlichen Tod zu erleben, um die Auferstehungskräfte allen Menschen ohne Unterschied zur Verfügung zu stellen. Die Erfahrung des Heiligen Geistes hat hingegen mit dem inneren Weg des einzelnen Menschen zu tun. Es ist die individuelle, freie Stellungnahme dem Geist der Menschheit gegenüber. Der Heilige Geist ist insoweit der Geist des Christus, als dieser vom Menschen verinnerlicht und dadurch individualisiert wird. Der Menschheitsgeist äußert sich auf ganz andere Weise in und durch jeden einzelnen Menschen.

Die Liebe des Christus hat in den letzten zweitausend Jahren in den Herzen der Menschen den «Glauben» entzündet – das Vertrauen in seine Liebe als Vorbereitung für die Erfahrung des Heiligen Geistes. Und die Gabe des Heiligen Geistes ist das Denken, die Erkenntnis, die den Glauben immer tiefer und inniger werden lässt. Die Erfahrung des Glaubens verdankt der Mensch der ersten Ankunft des Christus, die Erfahrung des schöpferischen Denkens der zweiten. Die Liebe des Christus macht alle Menschen in ihrem Denken gleich entwicklungsfähig, in der Erfahrung des Heiligen Geistes entwickelt sich jeder ganz anders. Die Zukunft des Christentums liegt in der Erfahrung jenes «heiligen Geistes», der jeder Mensch als denkender Geist *ist*.

Durch lebendiges Denken und phantasievolle Liebe erlangt jeder Mensch eine eigene innerliche Prägung. Der zweite Anfang des Christentums bedeutet eine neue Entwicklungsstufe des menschlichen Bewusstseins. In seiner ersten Ankunft kam der Christus äußerlich sichtbar dem Menschen entgegen, in der zweiten muss der Mensch ihm geistig entgegengehen, das menschliche Bewusstsein muss sich emporheben zum denkenden Erfassen seines Wesens und seiner Wirksamkeit. Das griechische Wort, das mit «Wiederkunft» übersetzt wird – «parusia» (παρουσια) –, deutet nicht auf ein Wiederkommen oder auf ein Zurückkehren hin, sondern heißt wörtlich «Dabeisein», es bezeichnet eine geistige Gegenwart. Die Übersetzung mit «Wiederkunft» kann die falsche Vorstellung erwecken, der Christus hätte sich von Erde und Mensch entfernt und käme jetzt zurück. Das ist aber keineswegs der Fall.

Der Christus ist seit seinem Tod und seiner Auferstehung immer geistig gegenwärtig und tätig gewesen. Das Neue im Christentum unserer Zeit ist eine neue Bewusstseinsstufe, die es dem Menschen ermöglicht, sein Denken immer schöpferischer zu gestalten. Durch das Denken wird ihm der Logos vom Beginn des Johannes-Evangeliums, die Weltenlogik, zur ursprünglichen, schöpferischen Tätigkeit seines eigenen Geistes. Nicht der Christus hat sich im Zeitalter des Materialismus vom Menschen entfernt, sondern der Mensch sich von ihm – vor allem in seinem Denken, das immer mehr von Vorgängen im Gehirn abhängig geworden ist, von den Determinismen der Materie.

Beim ersten Anfang des Christentums, bei der ersten Ankunft des Christus, waren das Wesentliche seine sichtbaren Taten und seine hörbaren Worte. Bei der zweiten werden es Worte und Taten der Menschen sein, die sei-

nen Geist erfahrbar machen. Der erste Anfang hat sozusagen das Herz des Menschen erlöst, ihm wurde der Glaube
an den Geist gegeben; der zweite wird das Denken erlösen – durch die selbst errungene Erkenntnis des Geistes.
Die Geisteswissenschaft Rudolf Steiners kann als umfassende Erfahrung des Heiligen Geistes gesehen werden. Sie
gibt jedem die Erkenntniswerkzeuge in die Hand, um den
Geist am Werk in der Welt immer tiefer zu erfassen.

Von der Ausbeutung
zur Verehrung der Erde

Im Mittelalter war die Rede von einer mystischen Hochzeit
zwischen der Seele des Menschen und dem Christus. Und
man sprach zudem von einer chymischen Hochzeit – die
besonders vom esoterischen Christentum angestrebt wurde –, in der sich der Mensch mit dem Geist, der in aller
Natur am Werk ist, verbinden wollte. Der Leitspruch der
Alchemisten lautete: «ora et labora», bete und arbeite. Sie
wollten beide Arten von Hochzeit erleben, die innerlich erlebte Vereinigung der Seele mit dem Göttlichen – ora –
und die Vereinigung mit dem Geist der Natur – labora. In
der esoterischen Strömung sollte der Mensch zunächst im
«Oratorium» verweilen, durch das Gebet die eigene Seele
läutern, als notwendige Voraussetzung, um dann im Labo-
ratorium das «opus magnum», das große Werk der weißen
Magie zu vollbringen, die nicht nur die Seele, sondern auch
die Materie verwandeln kann.

Eine alle Menschen umfassende und zugleich ganz individualisierte Religion entsteht in dem Maße, in dem der Mensch die Aufgabe auf sich nimmt, durch die «chymische Hochzeit» die ganze Natur und vor allem die Natur im Menschen von der Verwünschung in die starre Form zu befreien. Die Auferstehung des Fleisches, die Vergeistigung des menschlichen Körpers und aller Geschöpfe der Erde ist dasjenige, was durch die chymische Hochzeit angestrebt wird. In den Gedanken und in den Handlungen der Menschen werden eine neue Erde und eine neue Menschheit geboren. Dieses «opus magnum», wie die Alchimisten es nannten, ist das «große Werk» der Religion der Zukunft. Jeder religiöse Mensch wird mehr und mehr zum Hohenpriester, der die ganze Schöpfung durch die weiße Magie der Liebe vergeistigt.

Die Gefährdung der Umwelt, die zunehmenden Naturkatastrophen werden die Menschen zu einer inneren Umkehr bewegen können. Die Erde ist heilig, und es wird in der Zukunft ohne Heiligung der Erde, der gemeinsamen göttlichen Mutter aller Menschen, keine Religion geben können. In der Hochzeit zu Kana, von der im Johannes-Evangelium die Rede ist, feiert die Seele, die «Mutter Jesu», die ewige Hochzeit zwischen dem Geist des Christus und dem «Wein gewordenen Wasser», dem Wasser, das den Menschen begeistern kann. Die Seele des Menschen wird wahrhaft religiös gestimmt, wenn sie in aller Materie den Geist in seiner Wirksamkeit erleben kann.

Die Religion der Zukunft wird, wenn sie wirklich alle Menschen zu Brüdern und Schwestern machen will, eine

Religion werden, durch welche die Erde in den Herzen aller Menschen geheiligt wird. Die Liebe zur Erde ist es, die alle Menschen und alle Religionen zusammenführen und schließlich wirklich vereinigen kann. In der gemeinsamen Verantwortung, die alle Menschen gegenüber der Erde tragen, wird aus den vielen Religionen *eine* Religion, die Religion der Erde, die gemeinsame Religion der Zukunft. Die Erde macht keine Unterschiede zwischen Rassen und Sprachen, zwischen Christen und Muslim. Sie liebt alle ihre Kinder gleichermaßen. Sie schenkt allen ihre Kräfte, auch den Undankbaren. Was kann die Menschen mehr zusammenbringen als eine gemeinsame Mutter? Wer sich wirklich nach der Verbrüderung aller Menschen sehnt, wer diese auch tatsächlich anstrebt, dem kann nichts heiliger sein als die Erde. Sie ist das gemeinsame, unteilbare Schicksal aller Menschen.

Die Erde ist niemals etwas «Weltliches» gewesen in dem Sinne, dass sie nicht heilig war. Nur die Art des Menschen, die Erde zu betrachten, mit ihr umzugehen, ist mit der Zeit immer weltlicher, immer «unheiliger» geworden, und zwar einerseits deshalb, weil der Mensch – mit seiner Wissenschaft und seiner Technik – in der Erde in zunehmendem Maße nichts weiter als eine Anhäufung von Materie sah, was man nach Belieben ausnützen kann, und andererseits deshalb, weil er – in seiner Religion – der Erde zu entfliehen versuchte, um sich in eine Geistigkeit «jenseits» von allem Irdischen zu flüchten.

Vom einsiedlerischen Atheisten
zum Bürger des Kosmos

Die Religion der Zukunft wird die Geister verehren, die in der Natur am Werk sind, sie wird sie ernst nehmen, wie die Kelten und Germanen den lichtvollen Baldur ernst genommen haben, wenngleich damals noch auf träumende Weise. In der Götterdämmerung ist auch Baldur zu Tode gebracht worden, um jedem Menschen die Möglichkeit zu geben, ihn durch voll bewusste Erkenntnis des Geistigen zu neuem Leben zu erwecken. Durch eine frei errungene Wissenschaft des Übersinnlichen bahnt sich der Mensch einen neuen Zugang zu den Naturgeistern, die darauf warten, vom Menschen anerkannt und beachtet zu werden. Von einem Einsiedler auf der Erde, der jede Beziehung zu geistigen Wesen verloren hat, kann der Mensch wiederum zu einem Bürger eines durchgeistigten Kosmos werden – aber diesmal mit vollem Bewusstsein, aus der innersten Initiative einer wissenschaftlichen Erforschung des Geistigen heraus.

Zur Zukunft der Religion gehört auch eine neue Art des Umgangs mit den Verstorbenen, mit den Seelen der Toten. Die so genannten Lebenden werden wieder lernen, die so genannten Toten ernst zu nehmen, es wird eine neue Art des Gesprächs entstehen, ein Austausch von Gedanken und Geschenken. Ein wichtiger Teil des religiösen Lebens der Erdenbürger wird der Umgang mit den Seelen der Menschen sein, die jenseits der Schwelle des Todes leben. Der religiöse Mensch wird in Dankbarkeit die Ratschläge der Toten suchen. Er wird ihnen gern mit dem Bewusstsein folgen, da sie aus der Welt jenseits des Todes kommen, wo die Dinge viel klarer gesehen werden können. In der geistigen Welt überwindet der Mensch seine Selbstsucht und kann alle Wesen und Vorgänge viel objektiver als der auf der Erde lebende Mensch sehen. Wer die Todesschwelle überschritten hat, sucht die göttliche Weisheit in seinem Denken zu erfassen und die göttliche Liebe in reiner Form in sein Herz aufzunehmen.

Die in unserer Zeit weit verbreitete Lebensangst kann überwunden werden, wenn der Mensch seinen Platz im ganzen Kosmos wieder erkennt, wenn er sich wieder mit den übersinnlichen Welten vertraut macht, die er im Leben in der materiellen Welt aus den Augen verloren hat. Der Mensch, der auf der Erde lebt, kann den eisernen Griff der Einsamkeit aufbrechen, er kann das Gefühl der Verbannung auflösen, wenn er lernt, mit Engeln und Verstorbenen zu leben.

Wo liegt der tiefere Grund jeder Angst, jeder Einsamkeit, jeder Depression? Warum nehmen sie in bedrohlichem Maße zu? Doch deshalb, weil ein Mensch, der den Geist ignoriert, sich buchstäblich von allen guten Geistern verlassen fühlen muss. Der Materialismus ist die beängstigende Gottverlassenheit des geistesblinden Menschen. Die Zukunft der Religion liegt ganz in der Überwindung von Angst und Einsamkeit durch «Wiederentdeckung» all der geistigen Wesen, die den Menschen liebevoll begleiten und schützen.

Eine universelle Art von Religion wird dann entstehen, wenn all die geistigen Wesen, die überall in der Welt am Werk sind, wiederum als Wirklichkeit anerkannt werden. Der Mensch wird wieder lernen, sie nach Rangordnung und Wirksamkeit voneinander zu unterscheiden, er wird mit ihnen sprechen und von ihnen die richtigen Eingebungen für sein Leben empfangen. Zu der Religion der Zukunft wird dasjenige gehören, was Rudolf Steiner «das große Schamgefühl» nennt. Es ist das Schamgefühl dem Materialismus gegenüber, das den Menschen ausrufen lässt: «Wie konnte ich so blind, so borniert sein, die Wirklichkeit des Geistes so lange zu ignorieren und mein ganzes Leben so einzurichten, als ob die Materie die einzige Wirklichkeit wäre.»

Von der göttlichen Trinität
zur menschlichen Dreigliederung

In vielen Religionen wird die Gottheit als drei und eins, als *dreieinig* aufgefasst. Es ist deshalb wichtig, einen Blick auf den grundlegenden Unterschied zu werfen, der zwischen der Auffassung der göttlichen Dreieinigkeit vor und nach der Zeitenwende besteht:

Es gibt die hinduistische Dreieinigkeit von Brahma, Vishnu und Shiva; die chaldäische von Apason, Tauthe und Moymis; die ägyptische von Isis, Osiris und Horus – und noch andere. Die Frage ist: Was erlebt der Mensch in seiner Beziehung zur göttlichen Dreieinigkeit, wie wird er ein anderer dank dieser Beziehung? Die Antwort auf diese Frage zeigt den grundlegenden Unterschied auch in der religiösen Erfahrung des dreieinigen Gottes vor und nach der Zeitenwende.

Die Dreieinigkeiten der vorchristlichen Religionen stellen, vom Christentum her gesehen, drei Handlungsweisen von Gott dem Vater dar. Sowohl Brahma, der Erschaffer der Welt, als auch Vishnu, ihr Erhalter, und Shiva, der Zerstörer, handeln im Sinne einer göttlich-väterlichen Allmacht, in einer Zeit, in der die Erfahrung der menschlichen Freiheit erst in den zartesten Anfängen steckte.

Die christliche Auffassung der Trinität bringt mit der Zeitenwende etwas ganz Neues zum Vorschein, weil der Sohn des christlichen Vatergottes eine völlig neue Dimension der Entwicklung einführt: die der menschlichen Freiheit. Der Gottessohn im christlichen Sinne darf also nicht mit einem Sohn aus der vorchristlichen Zeit gleichgesetzt werden.

Gott wirkt in der Welt als «Vater», als «Sohn» und als «Heiliger Geist» – meint das Christentum, wenn es von Gott als drei Personen spricht. Als Vater schafft die Gottheit mit Allmacht, als Sohn wirkt sie aus lauterer Liebe, als Heiliger Geist leuchtet sie in der Helligkeit des Denkens auf.

Das Göttliche im Menschen, der reine Geist in ihm, durch den er freiheitlich denken und phantasievoll lieben kann, äußert sich nicht weniger als die Gottheit auf drei verschiedene Weisen: Der Mensch denkt – das ist der Heilige Geist im Menschen –, der Mensch liebt – das ist der Sohn im Herzen des Menschen –, der Mensch handelt – das ist der Ausdruck der Allmacht Gottes durch den Menschen.

So gesehen haben alle Unterschiede von Rasse, Sprache, Volk oder Religion keine wesentliche Bedeutung. Jeder Mensch wird immer menschlicher und zugleich göttlicher in dem Maße, wie er lernt, immer besser zu denken, immer inniger zu lieben und immer geschickter im Dienst aller Menschen zu handeln. Denn auch der Mensch besteht aus drei Wirklichkeiten: aus Körper, Seele und Geist. Diese Dreigliederung des Menschen lässt uns das Wirken des göttlichen Vaters in allem sehen, was physisch-körperlich ist; die Liebe des göttlichen Sohnes in all dem, was in der Seele erlebt wird; und das Licht des Heiligen Geistes im Menschen als denkendem Wesen.

Bezogen auf Körper, Seele und Geist des Menschen, muss die Religion der Zukunft, um die Wahl der Freiheit im Alltag zu ermöglichen, drei Gegenkräften ausgesetzt werden:

1. Vom Körper kommt das Verneinen des göttlichen Vaters (*Atheismus*);
2. in der Seele urständet das Verkennen des göttlichen Sohnes (*Egoismus*);
3. im Geist kann die Erfahrung des «heiligen Geistes» zum Versäumen werden (*Materialismus*).

Die Unfähigkeit, Gott den Vater, der in der Welt schaffend tätig ist, überhaupt zu erkennen, erzeugt die Haltung des *Atheismus*. Das ist die Irreligiosität, der Mangel an Religion desjenigen Menschen, der in seinem Körper eine solche Verhärtung erlebt, dass er alles, was in ihm geschieht, blinden Naturkräften zuschreiben muss. Der moderne

Mensch fühlt sich so sehr eins mit seinem Körper, er erlebt so durchgreifend die Macht der Materie in seiner Seele, er spürt sein Gehirn so deutlich am Werk in seinem Denken, dass er das geistige Wirken des göttlichen Vaters nicht mehr erkennen kann. Auf diese Weise wird er atheistisch, er verneint das Dasein Gottes, das heißt alles das, was geistig ist. Diese tragische Verneinung des göttlichen Vaters nennt Rudolf Steiner eine «Krankheit der Seele».

Die Verneinung des Sohnes – der alltäglichen Gegenwart des Gottessohnes in jedem «Menschensohn» – bezeichnet Steiner als «Unglück der Seele». Es ist jene Art von Selbsterfahrung, die dem Menschen den Zugang zum Sohn Gottes, der in jedem Menschen lebt, zumauert. Es ist in dem Sinne ein Unglück, dass diejenige Seele unglücklich sein muss, die ihren Lebensweg nicht als einen Weg voller positiver Angebote für die Freiheit der Liebe erleben kann. Eine solche Seele bleibt in der Einsamkeit des *Egoismus* gefangen, der in der Welt der Seele wurzelt.

Die dritte notwendige Gegenkraft der Religion erlebt der Mensch, wenn er nicht erkennt, dass er ein geistiges Wesen ist, ein individuell schöpferischer Geist. Er erlebt sich dann lediglich als «Seele», befangen in den Vorurteilen und den Zwängen einer Gruppe. Dieses Versäumen in Bezug auf den tätigen Geist, auf die individuelle Selbstbestimmung, nennt Steiner eine «Seelentäuschung». Die Seele des Menschen täuscht sich, wenn sie sich einredet, nicht als Geist schöpferisch werden zu können, wenn sie meint, die Freiheit sei eine bloße Illusion. In dieser Selbsttäuschung versäumt der Mensch die Erfahrung des Heiligen

Geistes, er verfällt mehr und mehr dem Dogma des *Materialismus* – er sieht überall Determinismus und Fremdbestimmung.

Die Religion der Zukunft wird als Begegnung mit Gott dem Vater erlebt – in der Überwindung des Atheismus als Krankheit der Seele; als Begegnung mit Gott dem Sohn – in der Überwindung des Egoismus als Unglück der Seele; und in der Begegnung mit dem Heiligen Geist – als Überwindung des Materialismus als Täuschung der Seele.

Von den Religionen der Völker zur Religion der Menschheit

Angefangen mit dem zwanzigsten Jahrhundert, so führt Rudolf Steiner aus, wird das menschliche Bewusstsein fähig, den einheitlichen Geist der Menschheit als Gestalter der karmischen Beziehungen aller Menschen zu erkennen – den Christus als «Herrn des Karmas», wie er ihn nennt. Jedes Ereignis, jede zwischenmenschliche Beziehung, Gesundheit und Krankheit aller Menschen werden von ihm zum Wohle aller aufeinander abgestimmt. Jeder Mensch ist berufen, Religion darin zu erleben, dass er auf zunehmend bewusste Weise als ein lebendiges Glied im Organismus der Menschheit lebt. Die religiöse Entwicklung des Menschen liegt in seiner «Eingliederung» in den einheitlichen Organismus der Menschheit.

Die Wiedervereinigung aller Menschen in einen einzigen Organismus wird jedes Gegeneinander, auch in Bezug auf die Religionen, überwinden können. Die Menschheit wird in ihrer Einheit und in ihrer unendlichen Vielfalt im Herzen jedes Menschen zur heiligsten Wirklichkeit. Sich der Verbrüderung, der Verschwisterung aller Menschen zu widmen, wird zur höchsten Form der Religion. Auch die verschiedenen Religionen, die sich bisher gegenseitig ausgeschlossen haben, können wie lebendige Glieder eines geistigen Organismus ineinander gegliedert werden.

In der Zukunft wird der Mensch dann wahre Religion erleben, wenn er nicht glücklich sein kann, ohne dass alle anderen Menschen auch glücklich sind. Der Einzelne wird sich nicht mehr durch Benachteiligung anderer Vorteile verschaffen wollen. Er wird dies als eine Selbsttäuschung betrachten. Wenn die Menschheit als ein einziger, lebendiger Organismus im Herzen des einzelnen Menschen lebt, dann kann der Mensch auch den Zugang zum gemeinsamen Geist aller Menschen finden. Darin besteht die Erfahrung des Christus als Herrn des Karmas, als Schöpfer der karmischen Verflechtung aller Menschen.

Die Begegnung mit dem Christus, der geistig zurückkommt, um im Denken und in den Herzen der Menschen als ihr gemeinsamer Geist zu leben, wird der Anfang der Wiedervereinigung aller Menschen sein. Dies geschieht zuerst in Form von Gedanken, die dann allmählich auch das ganze Leben durchdringen können. Jeder wird immer besser lernen, seinen Nächsten als zu sich gehörig zu erleben, seinen Nächsten so zu lieben wie sich selbst.

Auch die Menschheit insgesamt ist dreigliedrig – nicht weniger als der einzelne Mensch und die Gottheit selbst.

Die Kulturen und die Völker des Ostens blicken schon seit Jahrtausenden auf die Wirklichkeit des Geistes. Ihre Religion hat die Welt der Materie als Maja, als vorübergehende Täuschung, betrachtet. Im Westen, besonders in Amerika, ist eine Kultur entstanden, die ihren Schwerpunkt in der irdisch-materiellen Welt findet – in der Eroberung und Dienstbarmachung der Erde durch Wissenschaft und Technik. Und in der Mitte lebt eine Kultur, die den Menschen immer wieder als Vermittler zwischen Geist und Materie in den Mittelpunkt zu rücken bestrebt war.

Keine Kultur – weder im Osten, noch im Westen oder in der Mitte –, kein Volk als solches kann die Allseitigkeit des Menschen vertreten. Kulturen sind Einseitigkeiten und das Karma der dreigliedrigen Menschheit ist das Karma von drei zu überwindenden Gruppeneinseitigkeiten. Was will der «Herr des Karmas» damit den Menschen sagen? Er will damit sagen, dass nur der einzelne Mensch, nur das Individuum die Einheit der Menschheit verwirklichen kann. Dies macht er, wenn er über das Besondere seines Volkes oder seiner Kultur hinauswächst und das Allgemeinmenschliche, die Geschicke der ganzen Menschheit als unteilbare Einheit, zu seiner individuellsten Herzensangelegenheit macht. In seinem Geist und in seinem Handeln als Mensch können die Welt der Materie – die Welt des Westens – und die des Geistes – die Welt des Ostens – zur Einheit gebracht werden. Die Religion der Zukunft ist die Religion der Menschheit, die in der Dreieinigkeit des Individuums selber dreieinig wird.

Von den Masken Gottes
zu den Gesichtern des Menschen

Die Vorstellungen, die sich die verschiedenen Religionen von Gott machen, können nicht anders als Anthropomorphismen sein, Bilder, die der menschlichen Selbsterfahrung nachgebildet sind. Der Mensch ist und bleibt Mensch, und wenn er sich Gott als «jemand» außerhalb oder jenseits des Menschen vorstellt, hat er in der Tat nur Abstraktionen, nichts geistig Reales oder Wesenhaftes vor sich.

Das herkömmliche Christentum hat von Gott als drei «Personen» gesprochen. «Personare» bedeutet lateinisch: seine Stimme durch etwas «hindurchtönen» lassen. «Persona» wurde der Schauspieler genannt, weil er seine Worte durch die Maske hindurch sprach. Der Zuschauer sah die Maske und hörte die Stimme durch die Maske hindurch tönen. Er sah nicht den Schauspieler aus Fleisch und Blut.

Die drei «Personen» des einen Gottes sind demzufolge drei Arten der Wirksamkeit Gottes, die drei «Rollen», die Gott auf der «Bühne» dieser Welt spielt. Diese Dreiheit bezieht sich keineswegs, wie schon angedeutet, auf das innere Wesen Gottes, sondern auf die Art seines Wirkens in der Welt. In der einen Rolle spielt er den Allmächtigen, in der anderen den Liebenden und in der dritten den Weisheitsvollen. Allmacht, Liebe und Weisheit sind die drei Eigenschaften, die Gott im Umgang mit seiner Schöpfung und mit dem Menschen nach außen zeigt.

Wo die Religion zur Lebenserfahrung wird, hat man mehr mit den Gesichtern der Menschen als mit den Masken

Gottes zu tun. Die Allmacht Gottes findet ihre Spiegelung vor allem im Wirtschaftsleben, wo die Menschen durch gegenseitige Hilfe des Lebens «mächtig» werden. Die Weisheit Gottes spiegelt sich urbildlich im freien Geistesleben, in der freien Entfaltung der individuellen Begabungen aller Menschen. Und die göttliche Liebe spiegelt sich im sozialen Alltag in der Begegnung zwischen Mensch und Mensch, in der Achtung der Würde, die bei allen Menschen die gleiche ist.

Die Religion, die in Kirchen aus Stein ihren Gottesdienst feiert, gehört der Vergangenheit an. In der Zukunft wird die Religion immer mehr im heiligen Tempel der Menschheit selbst erlebt, im täglichen Umgang miteinander. Die Begegnung zwischen Mensch und Mensch wird als höchste Form des Sakramentalismus gelten.

Die Achtung der inneren Freiheit jedes Menschen als Geist ist die erste der drei großen religiösen Forderungen des modernen Menschen. Für den Menschen, der sich im Denken als schöpferischer Geist erlebt, gibt es nichts Heiligeres als die Urteilsfähigkeit jedes Menschen in Bezug auf alle Phänomene des Lebens. Jeder hat die Verantwortung, sich ein eigenes Urteil über die Dinge zu bilden, ohne sich von irgendeiner Autorität bevormunden zu lassen. Religiöse Achtung vor der Urteilsfähigkeit jedes Menschen zu empfinden heißt, jedem den Zugang zu allen nötigen Grundlagen für eine eigene Urteilsbildung zu gewähren. Es heißt, sich über jeden zu freuen, der in seinem Denken immer selbständiger wird. Obwohl keiner in allen Bereichen des Lebens als Fachmann tätig sein kann, ist jeder als Mensch in allem urteilsfähig, was er als Ergebnis der Arbeit oder der Dienstleistung von Fachleuten entgegennimmt.

Die Freiheit des Einzelnen steht in einem spannungsvollen Verhältnis zur Liebe, zur gegenseitigen Hilfe. In dieser Liebe, die in ein Wirtschaftsleben ausstrahlt, das auf Brüderlichkeit gründet, liegt die zweite religiöse Forderung unserer Zeit. Wenn Menschen sich gegenseitig die notwendigen Mittel für die Befriedigung ihrer Bedürfnisse zur Verfügung stellen, schaffen sie die Bedingungen, die jedem ermöglichen, als freier Geist für die anderen tätig zu sein. Sich gegenseitig zu dienen, im Dienst am Nächsten zu schaffen, wird zur höchsten Form des Gottesdienstes. In ihm dient jeder jenem göttlichen Wesen, das jeder Mensch in Wahrheit ist. Der Genius der Sprache spricht vom religiösen Kultus als von einem «Gottesdienst», einem Dienst, den man Gott entgegenbringt. Und genau dieses will das tägliche Leben werden: ein Dienen dem Göttlichen, das in jedem Menschen lebt.

Von der Toleranz der Religion zur Religion der Toleranz

Zur *Urteilsfähigkeit* als Religion der Freiheit des Einzelnen und zum *Interesse am anderen* als Religion der Brüderlichkeit kommt ein Drittes hinzu, und das ist die *Toleranz*. Sie entsteht, wenn die Menschen sich als ganz gleich in ihrer Würde erleben. Wenn der Einzelne als freier Geist in der «Liebe zum Handeln» lebt und schafft, dann heißt Toleranz für ihn: Den anderen «leben lassen im Verständnis des fremden Wollens» – um die Worte der *Philosophie der Freiheit* Rudolf Steiners zu gebrauchen. Ein tolerantes Herz gönnt dem anderen volle Freiheit vor allem in seinem religiösen Leben. Jeder soll auf seine eigene Art und Weise seine Beziehung zur geistigen Welt gestalten.

Jeder kann sich daran freuen, dass sich die Religion der Menschen in einer unendlichen Vielfalt ausdrückt. Dank einer innersten Toleranz jeder Menschenart gegenüber werden Kräfte freigesetzt, die jedem die Möglichkeit geben, seine einzigartige Individualität auch im religiösen Leben zum Ausdruck zu bringen. Das Heiligste im Leben ist die ewige Individualität jedes Menschen, wodurch jeder zu einem Quell des Reichtums für alle anderen Menschen wird. Die Kräfte, die Begabungen, die sich auf einzigartige Weise in jedem Menschen zeigen, fließen zurück in den Organismus der Menschheit und dienen der Befriedigung der Bedürfnisse aller.

Die Religion der Zukunft wird sein eine Religion

1. der Förderung der *Urteilsfähigkeit* eines jeden in Bezug auf alle Bereiche des Lebens (Religion der Freiheit im Geistesleben),
2. des tiefen *Interesses* jedes Menschen für jeden anderen Menschen (Religion der Brüderlichkeit im Wirtschaftsleben),
3. der unbedingten *Toleranz* (Religion der Gleichheit im Rechtsleben).

Viel zu lange ist die Religion in der bürgerlichen Gesellschaft nur toleriert worden. Sie durfte nur als private Sache, nur für die intime Sphäre des Lebens gelten, sie durfte sich nicht in die öffentlichen Angelegenheiten einmischen. Diese falsche Toleranz hat die Religion zu einer leeren Dekoration des Lebens verkommen lassen. In ihr flüchtet man vom Leben weg, um für ein paar Stunden den Alltag vergessen zu können, um sich von den Zumutungen der Welt zu erholen.

Die Religion der Toleranz wird das Gegenteil von der Toleranz der Religion sein. Der höchste Wert, den der Mensch «toleriert» sehen will, ist der göttliche Geist in jedem Menschen. Den Menschen als solchen tolerieren heißt, ihm alle Werkzeuge zur Verfügung zu stellen, die er braucht, um auf seine individuelle Art immer umfassender in seinem Denken, immer liebevoller in seinem Herzen, immer zielbewusster in seinem Willen zu werden.

Wahre Religion wird sein, wenn Menschen sich als Gefährten eines langen und spannenden Entwicklungsweges verstehen, jenes Entwicklungsweges, an dem Himmel und Erde mitbeteiligt sind. Auf diesem Weg ist jeder Mensch unverzichtbar, nicht anders als jeder Stern am Firmament des Himmels.

Pietro Archiati wird 1944 bei Brescia in der Nähe vom Gardasee geboren und wächst als viertes von zehn Kindern in einer Bauernfamilie auf. Er studiert Theologie und Philosophie an der Gregoriana in Rom und später an der Ludwig-Maximilians-Universität in München. In Laos arbeitet er als Lehrer während der schwierigsten Jahre des Vietnam-Krieges (1968-70). Von 1974 an ist er in New York in Verbindung mit dem missionarischen Orden tätig, in den er als Zehnjähriger eingetreten war.

Während einer Einsiedlerzeit am Comer See entdeckt er 1977 die Schriften Rudolf Steiners, dessen Geisteswissenschaft die große Leidenschaft seines Lebens wird, weil sie nicht nur die sinnliche, sondern auch die geistige Welt mit gleichem wissenschaftlichem Anspruch erforscht und dadurch sowohl der Naturwissenschaft wie auch der christlichen Religion einen wichtigen Schritt nach vorn ermöglicht. Von 1981 bis 1985 ist er Dozent in einem Priesterseminar in Südafrika, während der letzten Jahre der Rassentrennung.

Seit 1987 lebt er in Deutschland als Schriftsteller und als freiberuflicher Redner, hält Vorträge, Seminare und Tagungen in verschiedenen Ländern – in völliger Unabhängigkeit von jeder Art von Einrichtung oder Institution. Seine Bücher sind dem freien Geist jedes Menschen gewidmet – der Unerschöpflichkeit seiner denkerischen und moralischen Kräfte.